超級太監大歷史

馬賽克 著

好讀出版

—唐宋・太監大爆走—

—明朝・太監時代來臨—

—明清・最後的太監們—

作者序

致暗黑版的英雄

古早古早以前，有一部由關家倩（即以《蘇絲黃的世界》成名的關南施）、柯俊雄主演的國片。內容描述一名渴望真愛的酒吧女郎，希望與愛人離開煙花地、遠走天涯的故事（印象最深刻的一句台詞是女主角對男主角說：「跟我去巴西」）。當年一些台灣雜誌裡面還有猜謎遊戲。一本雜誌在某期刊出一則謎語。謎面是「太監自嘆：猜一部國片名字」。上述關家倩主演的國片，就是答案。它的片名是：《不再有春天》。

是的，「不再有春天」。這恐怕是每一個太監最深沉、最悲催的椎心之痛吧？太監是古代社會黑暗制度下的產物，是一種不完整、被扭曲了的生命存在（無法生兒育女、無法有正常性生活）。說來反諷，他們被閹割了「男性的尊嚴」，目的是為了保護統治者在後宮的「男性尊嚴」（或者，還有繼承者們的血統純正）。太監是最典型的「被侮辱與被傷害者」。

無論是因為犯了罪、被俘虜，或是因為生活悲慘窮困而踏上這條不歸路，太監這身分基本上是被逼出來的（部分小孩子則是被父母所騙）。而且它非但絕對不是一份安穩、有尊嚴的工作，甚至壞處一籮筐。首先，閹割手術風險很高。可能還沒當上太監，就先當了「沒卵的鬼」了。二，伴君如伴虎。一生懸命，一旦成了太監，儘管保住了溫飽、甚至日後獲得了權力，但帝王家向來無情，宮廷內權力鬥爭的發展瞬息萬變，皇帝往往翻臉如翻書，太監隨時可能丟掉小命或老命。三，一旦成為太監後，無論是肉體上或精神上，隨著這個身分而來的侮辱與傷害，都是一輩子如影隨形的。四，古代中國男性背負著傳宗接代的責任。被剝奪了生育權，是他們永遠無法彌補的缺憾。五，古代男尊女卑，一個男人變得不男不女，他們承受的鄙視與侮辱可想而知。第六，小孩子或許還不了解，但是成人後，那種有性慾而沒有性能力、無法擁有「充實」性生活的痛苦煎熬，足以讓他們「夜夜夜狂」。是的，野百合也有春天，但太監沒有！

話說到這裡，如果太監是一味的那麼卑微和不足道，那他們的故事還有什麼好說的呢？這正是太監這個角色的弔詭之處。太監雖然地位卑下，但正因為他們「少一根」，所以才有機會貼近皇帝（權力核心）。本身的能力加上機遇，讓他們很可能得以「出頭天」：魯蛇一朝變溫拿！

中國的皇帝應該是地球上最沒有安全感的一群人了。在宮內，怕別人偷他那多到數不清的女人。在宮外，怕人們竊取他的江山。為了守護後宮，他直接或間接閹割了許多男人。與此同時，為了捍衛宮外的江山，他又起用這些被他閹割了的男人去監視他的文臣、武將、甚至人民！原因是，皇帝不相信任何人，除了太監！

他們信任太監，道理很簡單，這些人沒有「本錢」造反。這個「本錢」，就是他們的「命根子」。因為沒了傳宗接代的能力，帝國無法永續經營，太監造反的意願就少了一半。而沒有了性能力，就算後宮佳麗三千人，也無法真正滿足自己，更遑論滿足她們（這對男人的尊嚴是很傷的）。於是，另一半的造反意願也就飛了！

何況，大多數的文臣武將都瞧不起、甚至厭惡被閹割了的男人，願意支持他們搞政變的人幾近於零。所以，太監造反，成功率是蠻低的。事實上，這些專制君主的評估沒有錯，中國歷史上真的沒有活著的太監當過皇帝！至於信任太監帶來的禍害，有些是皇帝事前完全沒想到，有些，則是根本顧不了那麼多。

太監最大的禍害之一，是對國家「未來接班人」的不良影響。太監是最貼近皇子們的人。但他們普遍知識水平不高，更甭說道德水平了。他們侍奉主子的「職場最高指導原則」，往往是滿足主子的「本我」私慾（甚至，他們不能人道，卻可能為了滿足主子而「被人道」）。如果皇子跟一些從小玩到大的太監要好到「死忠兼換帖」，日後皇子登基，這些太監極可能幫著主子一起盡情使壞。

如果照顧皇子的是一些進宮比較晚、人生閱歷比較豐富的年長太監，一旦他們灌輸給少主的是壞教「慾」，而少主又視這些「心靈導師」為啟蒙者的話，那嚴重的後果往往更是難以想像（歷史上不乏皇帝尊太監為「親愛的老師」、甚至「我的父親母親」的例子）。

太監在歷史上的另一個弔詭之處是：依他們的工作性質，若安分守己，不應該在歷史上留下重要篇章。若有，大多數並非好事（儘管歷史上也出現過一些好太監）。因為他們侍奉的主子「有幸」是壞蛋或笨蛋，或是帝國設計的制度給了他們作惡的機會，在慾望驅使下、在長期「被侮辱與被傷害」的心理反彈下，一些「極惡太監」就會很順理成章的在歷史裡留下許多讓人瞠目結舌的「極惡故事」了。

歷史顯示，這些「極惡太監」的本身條件其實是很優的。若非長得一表人才，就是聰明絕頂、心思縝密、言辭佞利、愛交朋友、有夢想，而且有勇於將夢想變成現實的冒險精神。更重要的：他們非但是「無根的一代」，也是正港的無產階級。跟皇族、權臣這些「靠爸族」不同，所有「成功」的太監都是白手起家，全靠自己的努力奮鬥才登上「天國的階梯」。若從反面教材的角度來看，他們的故事是很勵志、很有啟發性的：他們是「暗黑版的英雄」！

如果說，我的上一本書《龍床上的中國》說的是「有豐富性生活的人如何影響中國歷史」，本書要說的就是「缺乏（正常）性生活的人，如何在中國歷史發展中扮演關鍵角色」。

很感謝「毒總」願意給我機會出這本書，也很感謝簡伊婕小姐一直以來的幫忙與包容。本書當然仍有不少疏漏與謬誤之處，期待各界的批評與指正。

馬賽克 二〇一七年五月，寫於台灣

前言
太監是怎麼煉成的？

有關宮刑的歷史記載

古代的性壓迫歷史中，女性是最大的受害者，但男性往往也無法倖免。最顯著的例子，就是太監。太監（或稱宦官）在人類歷史上出現甚早。古希臘、羅馬帝國、東羅馬拜占庭帝國、埃及、波斯、印度、土耳其、朝鮮、越南的宮廷裡都曾經有宦官。英語中Eunuch（宦官）一字即由古希臘語而來，意指「守護床的人」，可見太監的存在本意就是為了保護後宮貞節、皇族血統。不過也有例外，日本天皇的後宮、德川幕府的「大奧」（後宮）就沒有太監，全由女官擔任。西方自基督教出現後，奉行一夫一妻制，太監這一行就消失了（儘管有男性歌者為了不受青春期變聲而影響清亮的高音，會接受閹割手術，稱為「閹伶」）。

中國古代稱閹割為「宮刑」。此刑何時出現已遠不可考，一般相傳在遠古的夏禹之前已經出現，最初是用來懲罰男女之間不正當的性關係。《尚書》中提到宮刑，為「五刑」中僅次於「大辟」（斬首）的刑罰。西漢大儒孔安國說：「宮，淫刑也，男子割勢，女人幽閉，次死之刑。」意思是說：「宮刑是跟出軌有關的刑罰。男子要去勢，女子遭到幽禁，僅次於死刑。」西漢《伏生書》記載：「男女不以義交者，其刑宮。」則是說：「男女通姦或發生非法性行為，就要接受宮刑。」由此可見，宮刑是一夫一妻制出現後的產物，目的是保護「私有的性財產以及後代血統的純正」。

中國的閹人歷史起源甚早（而且一直延續到二十世紀初），最早可追溯到商朝武丁跟鬼方、羌方作戰之時。甲骨文裡有「凸刀」這個詞。「凸」是陰莖，「刀」意指切斷，其意義與後來的「閹」字相通。

甲骨文的「閹割」二字

甲骨文合集第一冊第〇〇五二五片記載：「庚辰卜，王，朕（凸刀）羌，不芇死。」意思是說：「庚辰這一天，卜了一卦，王希望測一下，如果把俘虜來的羌人男子閹割掉，他們會不會因傷口感染死掉。」這說明商代時中國就已經開始以閹人充當勞動力。戰俘是閹人的一個重要來源，但此時王宮裡是否有使用閹人，還不清楚。

最早有關宮內使用閹人的記述，出現在西周，史家亦普遍認為宦官制度出現在此一時期。《周禮》記載：「宮者使守內，以其人道絕也。」（讓受過宮刑的人守護後宮，因為他們無法人道）。當時的閹人數目不多且地位卑下，主要是負責雜役、傳令等工作。但隨著專政王權的發展，到了戰國時，受宮刑的人激增，在宮裡服務的閹人數目也跟著機構擴大而增加。

據最早記載，第一個在歷史上留下名字的宦官，是春秋時期齊桓公的臣子豎刁。《韓非子》提到，齊桓公熱愛性生活，但生性好妒，擔心「綠雲罩頂」。他的臣子豎刁為了表示忠心，自願閹割，為他管理後宮。此舉讓齊桓公很感動。儘管名臣管仲曾經勸告齊桓公：「這種不愛惜自己身體的人，是同樣不會愛惜自己君主的。」齊桓公因此一度將豎刁趕出宮三年，但最終仍沒有聽從管仲的遺言，又讓豎刁回來。後來，齊桓公病危時，豎刁作亂，堵住宮門，禁止外人進入，導致齊桓公活活餓死。

太監的各種稱呼

由於歷史源遠流長，「宦官」出現過許多不同的名稱，同義詞有寺人、閹人、內侍、中官、黃門、內豎、中貴人等。戰國時趙國有「宦者令」、秦國有「監」，都是宦官領導的名稱。「宦官」一詞古已有之，本是統稱「為皇家服務」的官員（據說此名出自「天帝星」旁一個叫「宦者」的星座）。東漢之前，並非所有宦官都是「閹人」，宦官全面採用「閹人」是東漢之後的事。後來，宦官就等同「閹人」了。

至於近代流行的「太監」一詞，最早出現在遼國的史書，原意泛指「在政府機構裡工作的官員」，「閹人」只是其中一部分。到了明代，「太監」才變得跟「宦官」幾乎等同，不過之間還是有差別的。所有「太監」都是「宦官」，但並非所有「宦官」都是「太監」！

明朝「太監」原本是指「宦官」的上司：有一定品級、俸祿的高級宦官。但到了清代，兩者就混為一談了。原因不難理解，因為一些人為了討宦官歡心，通常都會以較高的職位來稱呼他們。這就好比一些商家喜歡把消費者稱為「老闆」（頭家），或是酒店業者習慣會把前來光顧的客人稱為「王董」、「李董」的道理一樣。

還有更有趣的呢，近代人俗稱丈夫為「老公」，但在古時候「老公」一度也可以指太監！清人筆記《棗林雜俎》記載，明末李自成大軍攻陷北京後，曾追打太監，遂有「群呼打逐老公」之語。原因是明朝的太監經常仗勢欺人，萬曆年間任「礦監稅使」的太監屢屢欺壓百姓，造成人民極大反彈，所以才有「打老公」事件發生。

《紅樓夢》第八十三回寫道：「門上的人進來回說：『有兩個內相在外，要見二位老爺。』賈赦道：『請進來。』門上的人領了老公進來。」文中的「老公」即為宮中太監的意思。《官場現形記》第九回也寫道：「他就立刻進京，又走了老公的門路。」以上兩例的「老公」，都是指太監。

太監從哪裡來？手術怎麼做？

說到太監的來源，主要分為三大類，一是俘虜，例如明代的鄭和、汪直等。二，犯了罪的人，例如西漢時代的李延年。三，從民間招募的「志願軍」，例如明朝的魏忠賢、清代的李蓮英等。關於第三類，古代男子負有傳宗接代的重任，理論上來說，是沒有人願意接受閹割的。但古代農村及民間赤貧者極多。以前沒有節育觀念，一個家庭裡子女成群的比比皆是。因此一些赤貧家庭往往會把長子以外的小男丁送上太監之路，期望有朝一日他能夠拉拔全家「翻身」。

清代之前，閹割本來是由宮廷負責，不允許民間自行閹割。但這項禁令從未認真執行。明代中葉，因為供過於求，民間曾經出現大批「自宮卻入不了宮」的人，稱作「無名白」。

古早的太監閹割手術，包括所謂的「繩繫法」與「揉捏法」，如今已不可考。現在人們知道的，都是來自清代的資料。其中一種手法，來自一本作者不明的《宸坦雜識》。書中記載，願意淨身入宮當太監的人，首先得找到有地位的太監引介。然後找來負責「切切」的刀子匠（淨身師）執行這項十分專業的手術。刀子匠會跟淨身者的家人訂合約（還要請來「三老四少」當證人）。合約上註明「自願淨身，生死不論」，以免一旦手術鬧出人命，淨身師會吃不完兜著走。

手術是不收錢的，淨身師這門差事就像是投資，為的是「許一個未來」：一旦這個被淨身的孩子未來發達了，他就可以獲得豐厚的回報。進行手術得先挑上一個好日子，接受「切切」手術的人會被關在一個密不透風的房間裡（古代稱「蠶室」），接著讓淨身者清理大小便。在禁閉期間，絕對不能飲食，免得排泄物汙染手術後的傷口，導致傷口惡化，危及生命。經過三、四天之後，才正式動刀。

被淨身者閹割時，需仰躺在炕上。一名助手固定其腰部，另外二人分別按住他的雙腿，用布綁緊他的腹部和大腿上部。陰莖和陰囊用辣椒水清洗後（麻痺加消毒），操刀者會最後一次問淨身者：「後不後悔？」當對方肯定說出：「不後悔」後，才可以動刀。手術刀是一種鐮刀狀的彎曲利刃，據說是用金與銅合金製成，可防止術後感染。但使用時並沒有特別的消毒措施，在火上烤一下就算是消毒了。

閹割過程分兩個步驟。第一，先割睪丸：在陰囊左右各橫向割開一道深口子，把筋絡割斷、將睪丸擠出。第二步是割陰莖。這需要相當高竿的技術，切面需平整，不能留下任何突起的肉。切面若不夠平整，可能會再長出來，未來就需要再手術一次。但也不可以切太深，否則將來傷口癒合，會往裡面塌陷，形成坑狀，尿尿就會變成扇面狀放射。

切完後，淨身師會拿來一付豬膽，在傷口上糊一糊，然後黏貼在上面，據說有消腫止血功效。最後，再插上一根大麥稈（也有一說是用白蠟針）。手術三天後，傷口還不會好，但已結疤。這時把麥稈拔掉，尿液如果能夠排出，手術就算大功告成，「閹人」才可以下床，但之後仍需百日左右調養身體。

古代醫療技術相對落後，閹割手術死亡率很高。史載明朝英宗天順四年（一四六〇年）時，鎮守湖廣、貴州的宦官阮讓，有一次精選出俘獲來的東苗族兒童一千五百六十五人，將他們閹割後，準備送往朝廷為奴。但因為手術太粗糙及醫療設備太差，從阮讓閹割小童到奏報朝廷的這短短一段期間內，「閹童」死亡者高達三百二十九人。

據說，割下來的話兒，淨身師有權收起來保管，日後「待價而沽」。淨身者起初無權將這東西拿回去，但日後一定會出高價向淨身師贖回來，去世時把它跟身體縫在一起，這樣才算「完整」，否則六根不全，閻王爺不會收。

理論上來說，無論當上太監與否，「切切」之後就「不再有春天」了。但中國史上不乏有太監「二度發育」（陽具復起）的記載。最有名是東漢的欒巴。他的入宮之路比較特殊：是因為先天生理有缺陷或發育障礙，才當上宦官的。《後漢書．欒巴傳》記載：「（後來）欒巴『陽氣通暢，白上乞退』。」意思是說他「恢復性能力」了，為了避嫌，所以向漢順帝提出辭職。後來他還結了婚，生下兒子欒賀。但古代科學觀念不發達，這項記述是否靠譜，令人懷疑。尤其是史書還記載欒巴「有道術，能役鬼神」（會驅使鬼神），更增加了這個人的神祕性。

多半史家認為，如果欒巴後來真的「陽氣通暢」，應該是當初發育不完全或閹割不徹底所致（當時的技術與過程今日已不可知曉）。後來明朝的魏忠賢，與清代的安德海，都傳聞因為保有性能力而淫亂後宮，這恐怕是傳說成分居多，因為明、清兩代的閹割手術更徹底、檢查更嚴格。清朝中葉時，有人向乾隆皇帝報告，許多太監被閹割後，那個地方還會「二度發育」，因此建議對太監全面體檢。後來更演變成一年要驗一次，如果真的長出來，就要「斬草除根」：再切！不少太監因為禁不起二度傷害，最後枉送了性命。

人，本質上是寂寞的。就算沒有性生活，也需要有個伴。所以，後來太監會跟宮女「湊成一對」是有其道理的。明朝時即有「對食」或「菜戶」的說法，兩者定義稍有不同，「對食」多指短暫的「交往」，「菜戶」則好比夫妻，關係比較穩定。

太監都有深藏不露的武功？

近代武俠小說、電影中經常出現武功高強的太監。這跟大家印象中他們被閹割後的「無性愛」狀態有關。道家觀念中，「童子之身」汙染較輕，所以練功才更容易成功。例如武當張三豐就是這樣一個被高度戲劇化的人物。金庸小說《笑傲江湖》裡的東方不敗，因為實踐了《葵花寶典》裡「欲練神功，必先自宮」的指示，變身成絕世高手。以上都是把童貞、閹割跟練武功，甚至「好武功」劃上等號的例子。

同樣的，因為許多太監正好也是閹人，保有「童貞」的比例也很高，於是一些創作者就把他們想像成武功高強的人。當中，影響力最大的，當然是導演胡金銓在武俠經典《龍門客棧》裡，創造了東廠大太監曹少欽這個角色（原型可能來自明朝英宗時司禮太監曹吉祥的養子：昭武伯曹欽）。這部電影之後，太監就跟武俠片結下不解之緣了。

歷史上，有些太監的確會武功，例如明朝的鄭和，不過當然沒有電影中那麼誇張。後來，明朝設立了特務機關東廠，由太監領導。明熹宗時，魏忠賢在宮內成立一支武力，名曰「內操」。這些都是讓創作者把太監跟「武功」聯想在一塊的靈感來源。

成為一名太監之路，過程或許並不漫長，但需面臨極大的痛苦。若是一名太監希望變成絕世高手，那麼，除了痛苦和漫長的過程之外，可能還需要一點奇蹟。

秦漢太監亂政的序幕

千年一遇的神鬼謀略家
趙高

搞垮秦朝的第一人

漢初大政論家、大文學家賈誼在他瑰麗雄奇的著名文章《過秦論》（意指「論秦朝的過失」）裡，以華麗的詞藻、精采的對仗、鏗鏘的聲韻，洋洋灑灑敘述了大秦帝國的興滅經過。但是關於它複雜的敗亡原因，僅在文末以儒家觀點的十個字一語概括：「仁義不施，攻守之勢異也。」我想，賈誼至少遺漏了一個重要的關鍵角色，一個可能是「單槍匹馬」（single-handedly）推翻這個強大帝國的人：趙高。

由於可能是「一人打倒秦帝國」這份不可思議的功力，讓他成為第一個在中國歷史大大露臉的太監，普遍被視為「太監第一名」。然而詭異的是，根據近代學者的考證，竟認為趙高可能不是太監！

趙高歷仕秦始皇、秦二世和秦王子嬰三代君主。他被認為是引發秦帝國多次內部大亂鬥、加速帝國覆滅的重要力量，但歷史上對趙高是否為宦官、以及他「惡搞」的動機迄今仍存在爭議。司馬遷在他開宗立派的巨著《史記》裡，沒有為趙高單獨立傳，卻把他的事蹟分散記載在〈秦始皇本紀〉、〈李斯列傳〉和〈蒙恬列傳〉裡，讓人很難窺見這位推翻暴政「偉人」的完整面貌。

首先，《史記》確實沒有很明確說趙高是被閹了的「宦官」，引起後來可能「誤會」的主要來源之一，是〈李斯列傳〉。當中記載說趙高是「宦人」，有「宦籍」。不過近代學者根據新出土的「張家山漢墓竹簡」解釋：「宦」是指在宮裡任職的人。「宦籍」，是指用來登錄出入宮門者的登記冊。秦代時不論是「宦人」或「宦籍」，都沒有後代所指「宦官」（太監）的語義。

當時被去勢的人稱為「奄（閹）人」（在宮中任職的閹人被稱為「宦奄」），若根據這個定義，趙高僅是任職於宮中的「宦人」，並非被閹割的太監。

趙高
西元前 258 – 207 年

另一個被認為引起「誤會」的來源是《蒙恬列傳》裡的記載：「趙高者，諸趙疏遠屬也。趙高昆弟數人，皆生隱宮，其母被刑僇，世世卑賤。」引起爭議的是「隱宮」一詞。古代注釋《史記》的專家，普遍把「隱宮」跟「宮刑」聯結在一起。例如張守節《史記正義》：「宮刑，一百日隱於蔭室養之乃可，故曰隱宮，下蠶室是。」認為趙高是閹人的還有裴駰所著的《史記集解》：「為宦者。」以及司馬貞《史記索隱》：「蓋其父犯宮刑，妻子沒為官奴婢，妻後野合所生子皆承趙姓，並宮之，故云『兄弟生隱宮』。謂隱宮者，宦之謂也。」

然而秦史專家馬非百先生根據一九七五年在湖北出土的「睡虎地雲夢秦簡」考證指出：「趙高兄弟皆生隱宮」的「隱宮」一詞，是「隱官」的誤寫。「隱官」是指受刑後「更新人」的工作坊，亦可指「更新人」本身。它是介於庶人與奴隸之間的一種身分，跟「宦官」無關。

而且《史記》記載，趙高有一女婿：咸陽令閻樂。這說明趙高是有女兒的，儘管這女兒是親生還是養女，如今已不可考。不過，兩千多年來趙高是宦官的鮮明形象早已深植人心，除非有百分之百的可靠證據推翻此一身分，否則，要將趙高從「太監名人榜」上除名，還真不容易。

近代專家根據《蒙恬列傳》裡的記載，整理出趙高的身世應該是這樣的：「他是趙國宗族的後代，祖上是趙國押在秦國的人質（或者是被俘虜），娶秦國女子為妻。趙高的母親因觸犯刑法，服刑後被遣送到秦國政府專門用來收容『更新人』的隱官工作，趙高兄弟皆出生於此。」趙高的父親是誰，《蒙恬列傳》沒有說，卻提到他的母親曾是受刑人，而且是在「隱官」工作坊裡生下他們幾兄弟，這是相當怪異的。最可能的解釋是：他的生父「不詳」。

唐朝司馬貞《史記索隱》裡指趙高和他父親都遭受「宮刑」或許不正確，但是他母親「野合」後生下他們兄弟、「皆承趙姓」，這個可能性仍然存在。另有一說趙高的父親可能是在「隱官」工作的下級官吏，通曉法律，精於書法，在「隱官」任職時結識了趙高的母親，組建了家庭，生下趙高兄弟。趙高子承父業，所以他後來成為一名「法律人」。

成功博取秦始皇信任

總之，出身卑賤的趙高，他的奮鬥史是很勵志的，堪稱「三級貧戶發達史」的最佳典範。他努力苦學，考上當時的「高普考」，終於在二十四歲那年（秦王政十三年，西元前二三四年）進入政府服務，任尚書卒史[1]。這一年，秦王嬴政二十五歲。趙高努力「搏出位」，終於受到注意。帝國建立後，秦始皇聽聞趙高孔武有力，又熟悉刑獄法律，於是任命他為「中車府令」，同時教導少子胡亥斷獄。這一年，趙高大約四十歲。

「中車府令」是中級官吏，負責皇帝的車馬管理和出行隨駕，有時候甚至要親自為皇帝駕車，工作至關重要，非皇帝絕對信任的心腹不能擔當，由此可見秦始皇對他相當信任。加上讓他教導公子胡亥決斷訟案，「一兼二顧，摸蜊仔兼洗褲」，可謂人盡其才。當趙高遇上了胡亥後，從此兩人命運緊緊結合在一起，也徹底顛覆了秦帝國的命運。

趙高一生中有過一次極大的凶險。當時他曾犯下重罪（史無明言），秦始皇把他交給蒙毅審判。按律他是死罪，蒙毅不敢枉法，判處趙高死刑。無奈秦始皇「心太軟」，覺得趙高是幹才，下令赦免他，甚至恢復其官職。但趙高從此跟蒙氏兄弟結下梁子，也埋下日後的殺機。

秦始皇重用蒙氏兄弟，弟弟蒙毅在中央任皇帝的參謀，哥哥蒙恬在外任大將，北伐匈奴、鎮守上郡（今陝西省榆林市南），江山如鐵桶般穩固。然而始皇三十五年（西元前二一二年）卻發生了一件改變日後帝國命運的大事。

修改遺詔，好大的膽子！

秦始皇卯起來求長生不老藥的故事，大家是知道的。當時有兩個負責找不老藥的方士侯生和盧生，因為實在「沒法度」了，只好相偕逃亡。過分的是，他們還大爆秦始皇的為人、施政缺點和追求長生不老藥的內幕。一些讀書人也跟著議論紛紛，互相「按讚」轉發消息。秦始皇知道後大發雷霆，認定是「妖言惑眾」，逮捕了證據確鑿、情節嚴重的四百六十餘人，盡阬（坑）之咸陽，使天下知之，以示警告，這就是「坑儒」的故事。

受到儒家思想影響的長子扶蘇勸諫老爸說：「如今天下初定，遠方的百姓尚未歸附，諸生都是讀孔子書、學習孔子的人，如果父親重懲他們，兒臣擔心會天下不安，望父皇明察。」秦始皇氣在頭上，竟然把扶蘇趕到上郡去擔任蒙恬的監軍。秦始皇是個怕死、又忌諱提到死的人。但他生前未立太子，打發走扶蘇後，又沒有訂

1 卒史：秦、漢官署的屬吏之一，相當於今天的祕書工作。

下接班計畫，為帝國種下巨大禍根。更嚴重的是，他身體不好還到處趴趴走！

始皇帝三十七年（西元前二一〇年），秦始皇東巡，七月在沙丘（今河北省廣宗縣大平台村南）病重。臨終前，他命「中車府令」趙高「行符璽事」（執行頒發聖旨之事），同時下詔讓公子扶蘇回咸陽為他主持葬禮。但給扶蘇的詔書還沒交到使者手中，始皇帝就「掛」了。駕崩時，他身邊的「大咖」只有趙高、胡亥，與丞相李斯，並沒有扶蘇。

李斯認為皇帝在外駕崩，國內儲君未定，應當封鎖消息，密不發喪。他們將秦始皇的靈柩放在「轀輬車[2]」裡，因為回程路途遙遠又正值夏季，秦始皇的屍體開始腐爛。李斯、趙高命隨從在車裡裝載一石「鮑魚[3]」，以掩蓋屍臭味。百官奏事及供應皇帝的飲食，一切如常。

這時候，趙高這位不世出的謀略家，作出了他人生的第一場大豪賭。

他扣留住秦始皇的遺詔，騙胡亥說：他老爸下令處死扶蘇，並立他為「接班人」。胡亥大喜。趙高又說：「此事不跟丞相商量，恐怕不會成功。」於是又找上李斯，告訴他：「陛下賜給扶蘇的詔書和符璽都在我手中，立誰為太子如今都是你我說了算，你怎麼看？」李斯說：「你怎能說出這種叛國的話呢？這不是你我當人臣應當議論的事！」

趙高進一步分析說：「你的才智跟蒙恬相比，高下如何？」李斯說：「我不如他。」趙高說：「長子扶蘇剛毅勇武，即位之後，一定會讓蒙恬擔任丞相，你升不上去是很明顯的了。我教胡亥法律多年，不曾看見他發生過失。而且他慈仁篤厚，會是很棒的接班人，你好好想想。」

李斯最後同意合作，兩人合謀竄改秦始皇遺詔，立胡亥為帝。又矯詔責備扶蘇，數落他不能立功，還上書「誹謗怨望」，並指控蒙恬沒有把扶蘇教導好，下令將兩人賜死。

扶蘇看到假詔書後，又是哭泣、又是鬧自殺。蒙恬在一旁說：「陛下讓我領三十萬大軍守邊，讓公子監軍，此乃天下重任，這個使者和詔書，怎曉得當中是否有詐？不如先搞清楚再死也不遲。」扶蘇說：「父要子死，還有什麼好問的呢？」接著就自殺了。蒙恬不肯自我了斷，於是被囚，之後被迫吞藥自殺。

2 轀輬車：一種臥車，關門即溫、開門即涼，多用以載喪，後成喪車的代稱。

3 石：古代計量單位，讀作「但」，一石等於一百二十斤。鮑魚：指用鹽醃製的魚乾。

趙高接著向秦二世進讒：蒙毅曾經阻撓始皇立胡亥為太子，應立即處死他。二世遂將蒙毅囚禁於代郡（今河北蔚縣一帶），後來又派遣御史曲宮殺死蒙毅，趙高終於完成「甜蜜復仇」。

順利成為操盤手

胡亥登基後，是為秦二世。他任趙高為郎中令[4]。有一次胡亥問趙高說：「人生如同駕馭六匹駿馬在一瞬間從縫隙跑過一般，非常短暫。我已經君臨天下，只想享盡聲色，一直玩、一直玩，但同時要國家安寧、百姓安居樂業、永保江山、得享天年，請問有什麼方法嗎？」

趙高說：「這是賢主能做、昏君不能做的。沙丘之謀後，所有公子和大臣都懷疑你繼位的合法性。這些公子都是你的兄弟，大臣都是先帝之前安排的。現在陛下剛剛登基，這些人都心懷怨恨，恐怕未來會造反，讓我一直提心弔膽，生怕哪一天好日子要到頭了，陛下你又怎能放心享樂呢？」胡亥說：「那該怎辦？」趙高說：「嚴法重刑，有罪者連坐，甚至族誅，滅大臣而遠骨肉。讓貧者變富，讓賤者變貴重。盡除先帝的老臣，用陛下的親信取代他們。如此一來，群臣莫不感恩戴德，陛

下就可以高枕無憂了。」（以上見《史記．李斯列傳》）

胡亥果然言聽計從，二世元年（西元前二〇九年），下令變更律法。群臣諸公子有罪，立刻被下獄治罪。共十二位公子、十位公主遭處刑，家產沒收，諸公子和群臣獲罪被連坐者不可勝數，朝廷上下人人自危。同年九月，陳勝、吳廣起兵於蘄（今安徽宿縣），天下即將大亂，但趙高仍一心想著剷除異己。他的下一個目標，就是李斯。

4 郎中令：九卿之一的高官，是皇帝身邊近臣，掌管禁宮警衛。

一個人的復仇

「馬鹿大師」與帝國毀滅

昔日同事也小命不保

李斯是協助建立大秦帝國的重要功臣。但有時候不免讓人懷疑他的智慧。當天下群雄並起時，胡亥責備李斯說：「居三公之位，如何令盜如此？」豈料李斯提出的解決方法竟然是實施更嚴苛的律法！結果是獲罪者倍增、死亡枕藉、天下更亂，這位大政治家，跟學法律的趙高相比之下，智慧可謂相形見絀。

趙高又告訴秦二世說：「天子之所以尊貴，在於大臣只能聽到他的聲音，而不能看到他的容貌。陛下還很年輕，未必什麼事都懂。坐在朝堂上，若賞善罰惡稍有不妥，就會暴露自己的短處。這就無法向天下人顯示你的聖明了。因此陛下應該深居禁宮，只跟我和熟悉法律的人在一起。等待大臣把公文呈奏上來，我們就可以幫忙處理，如此，大臣們就不敢黑白來，天下的人都會稱你為聖主了。」

二世不意外的依然聽從趙高的主意，從此不再坐朝，一切公務都交由趙高決定。趙高獨攬朝政的做法招來李斯等大臣的不滿。趙高得知後懷恨在心，設計鬥倒李斯。他對李斯說：「現在關東（函谷關以東）盜賊猖獗，陛下卻忙著派人修建阿房宮，我想勸諫，但我人微言輕，你是丞相，為何不勸諫呢？」李斯說：「皇上深居禁宮，沒機會勸諫。」趙高便說，一旦知道皇上有空，就會立即通知李斯入宮進諫。

然而狡詐的趙高卻一再趁著二世跟後宮佳麗「啪啪啪」的關鍵時刻，派人轉告李斯說：「陛下正好有空」，李斯於是「盲衝衝」的入宮求見。如是者再三，搞得「五體不滿足」的秦二世對李斯恨得咬牙切齒，非常生氣的說：「我平常有空的日子很多，丞相都不來。每當我獨處放鬆的時候，丞相就跑來請示公事。丞相是瞧不起我呢？還是認為我鄙陋？」

然後，趙高再發動致命一擊，向二世進言說：「沙丘之謀，丞相也有參與。陛下登基了，丞相卻因為自覺沒有得到好處而心生不滿。他真正想要的是裂土封王啊！他的長子李由擔任三川郡（今河南滎陽縣西南）郡守，跟楚地的強盜都有交情，因此盜賊經過三川郡時，他兒子都不肯出擊。又聽說他們之間有書信往來。但我沒有看見，所以之前不敢揭發。」二世於是派人調查李由跟盜賊（關東反抗軍）互動的證據。

李斯知道二世派人調查自己一家人的消息後，急忙上書告發趙高謀反，又跟右丞相馮去疾、將軍馮劫一起進諫。揭開真相說天下群「盜」並起，在於賦稅太重、勞役太多。請求停建阿房宮、削減國境四邊的戍役。二世說：「你們無法消滅盜賊，現在又想取消先帝的偉大建設。一，是無意報答先帝。二，是不想為朕盡忠效力，你們還有臉身居高位嗎？」接著就把他們下獄問罪。馮去疾、馮劫自殺，李斯自以為有功、有理、無造反之心，正氣凜然的就獄。二世命「大法官」趙高審理。

趙高把李斯的親屬賓客全部逮捕，派人嚴刑拷打李斯。李斯不堪酷刑苦打成招，但仍不肯自殺，還妄想透過上書向二世「告白」。奏書當然都落到了趙高手裡，他恨恨的說：「囚犯怎能給皇帝上書？」詭計超多的趙高於是派出自己的十幾名門客，假冒是二世派遣的官員輪流審判李斯。一旦李斯想翻供，就嚴刑拷打。以致後來二世真的派人去審閱李斯的口供時，李斯還以為是趙高派來的，不敢再翻供，只能「自誣其罪」。趙高將判決書呈給二世，二世喜孜孜的說：「沒有你趙先生，我幾乎要被丞相出賣了。」

二世派的使者到三川郡調查李由時，李由已被項梁的反抗軍殺死。使者回報之際，李斯已下獄。趙高捏造了一整套李斯、李由父子謀反的罪狀。秦二世二年（西元前二〇八年），李斯被判處「五刑[1]」，腰斬於咸陽，滅三族。李斯被押往刑場之前，回頭對次子說：「我想跟你回到家鄉再次牽著黃犬，一同出上蔡東門追逐野兔，現在還辦得到嗎？」言畢，父子倆抱頭痛哭。

指鹿為馬是哪招？

李斯死後，趙高出任中丞相，封安武侯，大權獨攬。但是他的好日子快要到頭了。就在李斯被處死的同一年九月，秦將章邯在定陶之戰消滅楚軍主力項梁之後，率軍北上渡河，跟前來增援的王離會師，一起攻打趙國。王離的軍隊包圍趙國鉅鹿（今河北巨鹿縣），章邯自己屯兵於南，扼守糧道。為此，起義軍總指揮部決定，

1 五刑：「墨、劓、刖、宮、大辟」五種刑罰的統稱。墨，又稱黥，在犯人的臉上刺青並染上墨。劓，讀作「易」，割去犯人的鼻子。刖，讀作「月」，砍斷雙足之刑。宮，即閹割犯人的生殖器，也稱腐刑。大辟，即死刑，又分為梟首、凌遲、棄市等。

楚懷王陣營分兵兩路即刻救援。一支前往鉅鹿解趙國之圍，以宋義為主帥，項羽為副帥。另一支進攻關中，以劉邦為主帥。楚懷王承諾：誰先攻下關中，就封他為「關中王」。宋義率軍行至安陽（安陽：今山東曹縣東南）後就按兵不動。一心想為叔父項梁報仇的項羽發動兵變，刺死宋義，並指宋義意圖謀反。楚懷王只好任命項羽為主帥，率兵救趙。

秦二世三年（西元前二〇七年）六月，改變歷史的「鉅鹿之戰」爆發。章邯率領的秦軍主力數度被前來救援趙國的項羽軍隊擊敗，二世派使者責備章邯。章邯因此感到恐懼，便派長史司馬欣前去請示趙高。趙高卻不肯接見，也不批示，司馬欣害怕被殺，只好「跑跑跑」，趙高派人去追也沒追上。司馬欣告訴章邯說：「趙高在朝中操縱大權，我們怎樣做都不妥。我軍若戰勝，必招趙高所忌，下場可能很慘。如果戰敗了，更是死路一條。」同年七月，章邯率領二十萬大軍向項羽投降，秦軍主力盡失，大勢已去。

失去了最後一道屏障，趙高這下惶恐了。此時六國都已復國，函谷關以東都不歸秦控制。趙高害怕秦二世發怒，自己會遭來殺身之禍，乾脆稱病不上朝。他想造反，又怕得不到群臣支持，於是在同年八月，他做了一項在文學史、科學史上都影響深遠，既有趣又大膽的心理實驗。他牽了一頭鹿在群臣面前獻給二世，說：「這是一匹馬。」二世笑著說：「丞相搞錯了吧？怎麼把鹿說成是馬呢？」接著他又問左右大臣，當中有些人保持緘默，有人則附和趙高說：「是馬！」趙高把這一幕記住了，那些直言是「鹿」的大臣，後來都遭到趙高迫害，之後再沒人敢揭發他的罪行。光憑這一點就可以發現，趙高實在是一名十分傑出的實驗心理學家，他沒有往科學界發展，是人類文明的一大損失！

此一事件也就是成語「指鹿為馬」的來源。有一派說法指出，日語裡的罵人話「馬鹿[2]」即導源於此。最早的使用例子出現在一三四二年的史詩《太平記》。最早的語源解釋，則出現在十六世紀的古辭書《運步色葉集》裡：秦二世胡亥愚昧到「馬和鹿」都傻傻分不清楚，絕對是「笨蛋」無誤，故名「馬鹿」。

接下來二世仍然被「馬還是鹿」這個懸念嚴重困擾著，於是命太卜（占卜官）占卜。太卜說：「那是因為陛下春秋兩季到郊外祭祀、供奉宗廟鬼神時，齋戒不夠徹底的緣故。可依古代聖君的作法，再虔誠的齋戒一次。」二世於是住進上林苑，

2 馬鹿：平假名寫作「ばか」，羅馬讀音為baka，意指笨蛋。

實行齋戒，整天在苑中遊玩射獵，一次，有個陌生人走進上林苑，二世二話不說就把他射殺。

趙高指使他的女婿——咸陽令閻樂出面彈劾說：「不知是誰殺人，把屍體移到了上林苑。」接著趙高勸二世說：「天子無緣無故殺死無罪的人，老天爺是不允許的，鬼神不會接受你的祭祀，老天更會降禍，陛下應該遠離皇宮避禍，讓宮裡做法事祈福消災。」二世於是離開皇宮，搬到望夷宮去住。

政變造反望夷宮

也在這時，劉邦攻入武關（今陝西省丹鳳縣城東）。因為趙高之前數度誇口關東盜「無路用」！當二世知道兵臨城下的消息後，派使者追究趙高的「剿匪」責任。趙高心中恐懼，決定跟女婿閻樂發動政變，並派當時接任郎中令的弟弟趙成為內應。閻樂率兵卒一千多人包圍望夷宮，殺死侍衛長後，攻入宮中。他們一邊攻擊一邊射箭，群臣內侍大為驚慌，你逃我也逃。

趙成與閻樂一起攻進了二世的寢宮。二世大怒，急喚左右侍從護駕，但侍從們早已四散奔逃。二世身邊只有一個宦官沒有逃跑，二世責怪他說：「你們為何不早一點通報有人造反？」宦官說：「我能活到現在，就是因為什麼也不敢說，假如我早說了，哪能活到現在？」

閻樂來到秦二世面前，一一數落他的罪狀。二世請求退位，做個郡王就好，閻樂說：「不！」二世再讓步，只願當個「萬戶侯」，閻樂仍不答應。二世絕望的再度乞求：「願和妻子成為老百姓就好。」閻樂說：「我受丞相命令，為天下百姓殺你，你說再多，我也不會向丞相回報的。」同時命令士兵上前準備動手。二世不得已，只好拔劍自殺，得年二十四歲。史稱「望夷宮之變」。

閻樂「使命必達」後，趙高把玉璽戴在自己身上，但滿朝文武百官無一人做出反應（例如「三呼萬歲」之類），他登上大殿時，殿臺有好幾次都像要塌下來似的。趙高知道老天爺不同意他當皇帝，群臣也不肯合作，加上之前他還派使者聯絡攻破武關的關東起義軍領袖劉邦，約定與關東諸侯瓜分秦帝國，自立為「關中王」，卻遭到劉邦拒絕（事見《漢書‧高帝紀》）。他知道自己的皇帝夢破滅了，於是把諸大臣和公子找來，宣布二世駕崩的消息。

趙高說：「秦本來是諸侯王國，到了始皇才君臨天下，所以稱皇帝。但現在六國又各自復國，秦國地域日益縮小，若仍然稱帝，空有其名，這是不可以的。應該像過去一樣稱王，這樣比較適合。」他宣布立二世的兄弟子嬰[3]為秦王，用百姓的儀式把二世葬在杜縣南面的宜春苑中。趙高讓子嬰行齋戒，到宗廟參拜祖先，接秦王印璽。

趙高的謝幕

齋戒了五天，子嬰和他的兩個兒子商議說：「丞相在望夷宮殺死皇帝，害怕群臣討伐他，就假裝以大義為名，立我為王。我聽說趙高跟關東諸侯有約定，由他消滅秦國宗室，然後自己在關中稱王。現在讓我齋戒、參拜祖廟，這是想趁我在祖廟的時候殺我。我就推說生病不能去，丞相一定會親自來請，當他來的時候，我們就趁機殺死他。」

趙高多次派人催促前往，子嬰都推託掉，趙高果然親自來請，說：「國家大事，你怎麼能不來呢？」子嬰就在齋戒的宮室裡命宦官韓談刺殺趙高，同時下令誅滅趙高三族，在咸陽示眾。趙高活了五十一歲。

子嬰即位四十六天後，劉邦的軍隊從武關打進來，駐軍霸上（今陝西西安市東），派人向子嬰招降。子嬰用綬帶繫著脖子（象徵投降），捧著皇帝的玉璽、符節，隨著素車白馬來到軹道路亭（長安城東第一亭），向劉邦投降。劉邦把他們交給負責的官吏看押。後來項羽入咸陽，殺死子嬰，秦亡。

如果《史記》的記述為真，趙高真是一位「千年一遇」的大謀略家。不但獲得「千古一帝」秦始皇的信任，還一口氣鬥倒扶蘇、蒙恬、蒙毅、李斯這些帝國菁英。不管他是不是太監，他應該是想當皇帝的。因為他如果只是想報復蒙毅，用不著那麼「厚工」（費功夫）。他對內鬥這門技藝，有神鬼一般的智慧。然而，對於帝國迫在眉睫的、外在的軍事威脅，卻完全置之不理（尤其是漢視章邯的請示，坐視主力軍隊叛變），讓人十分費解。

後代史家對此提出一些解釋。其中，清代史學家趙翼在他所著《陔餘叢考》的《趙高志在報仇》這一則裡，引用司馬貞《史記索隱》的資料解釋：「趙高之竊權覆國，備載《李斯傳》中，天下後世固無不知其奸惡矣。然《史記索隱》謂高本趙諸公子，痛其國為秦所滅，誓欲報仇，乃自宮以進，卒至殺秦子孫而亡其天下。則高直以勾踐事吳之心，為張良報韓之舉，此又世論所未及者也。」

3 子嬰：史稱「秦王子嬰」，其身世尚無定論，可能是秦始皇之弟、堂兄弟、兒子，或孫子。

這段話是說：趙高是趙國王族的後代，他跟復國的勾踐、刺秦的張良是「同一掛」的。他痛惜自己的國家被秦所滅，混入秦宮，目的是為趙國報仇，亡秦天下。只要能亡秦，接下來的局面和自己的命運會變得怎麼樣，他就沒那麼在意了。

後來也有不少人支持這個論點。不管你挺不挺，這是個有趣的說法。

「跨」很大達人

兄妹共侍一夫的李延年

西漢的達人秀祖師爺

藝術、文創、音樂界有「跨界」（Crossover）一詞，例如把古典音樂曲目重新詮釋為流行歌曲（或相反），這類表演即被稱為「跨界音樂」。漢武帝時代有一位音樂家，堪稱是他們的前輩。他跨了很多界線，包括跨職業（既是音樂家、也是宦官）、跨性別（中性外貌）、跨性愛（男女通吃）！這位「跨界達人」，名字叫李延年。

在一般的認知裡，宦官（或稱太監）由於少了男性的「基本配備」，應該是沒有性生活，或性生活很少的。但事實上有些朝代會讓宦官跟宮女「湊成一對」，或是讓他們在外面娶妻。另一方面，他們整天侍候著皇帝、皇子，會不會跟他們也有「親密關係」？男男戀、女女戀在古代當然也是存在的，只是較為隱晦。不過這樣的同性愛偶爾也會「浮出水面」，李延年就是一個指標性的例子。他非但有性生活，甚至可以說是「性生活紊亂」。更重要的是：他還能「跨界」！

李延年，中山（今河北省定州市）人，是西漢時期的「音樂達人」。他出身「倡家[1]」，早期可說是很「歹命」，因為犯罪，被下了宮刑（史上未記載他犯了什麼罪，但被下宮刑，罪名應該不輕），接著發配擔任「狗監」，也就是負責替皇帝看管「汪星人」的太監。這名「狗監」究竟是如何翻身發跡的呢？

史書並未詳細說明其中經過，加上司馬遷、班固兩位史家「不對盤」，記述偶有互相矛盾之處，使得這段經歷的描繪不是很完整。《史記．佞幸列傳》、《史記．外戚世家》、《漢書．佞幸傳》都記載著：李延年是因為妹妹受寵而顯貴。唯有《漢書．外戚傳》一篇提到：李延年因為表演《佳人曲》爆紅，並且靠這一曲把妹妹送進了皇帝後宮。

李延年
生不詳－西元前 87 年

這件事發生在元鼎六年（西元

前一一一年）。內容是這樣的：「孝武李夫人，本以倡進。初，夫人兄延年性知音，善歌舞，武帝愛之。每為新聲變曲，聞者莫不感動。延年侍上起舞，歌曰：『北方有佳人，絕世而獨立，一顧傾人城，再顧傾人國。寧不知傾城與傾國，佳人難再得！』上歎息曰：『善！世豈有此人乎？』平陽（公）主因言延年有女弟，上乃召見之，實妙麗善舞。由是得幸。」

這段文字大意如下：李夫人的哥哥李延年因擅長歌舞，獲武帝賞識。一天，李延年為武帝表演歌舞，歌詞是這麼唱的：「有一位北方佳人，絕美無雙，脫俗不群。只要她對守城衛士瞧一眼，衛士們就會『凍未條』，獻城投降。如果她再對哪個國君瞄一眼，這個國家可能就要玩完了。不過失去城國又有什麼大不了的呢！畢竟佳人難再得啊！」漢武帝聽完後，嘆息著說：「太棒了，但世間會有這樣的佳人嗎？」武帝的姊姊平陽公主告訴武帝，李延年有個妹妹，就是這樣的一位佳人。

李氏隨後獲漢武帝召見，果然人美又善歌舞，從此備受寵幸，是為大名鼎鼎的李夫人。這個故事也就是成語「傾國傾城」的由來。

1 倡：漢代的「倡」，是指出入於天子諸侯和權貴之家，在宴席上表演歌舞和技藝維生的職業家族。

李家「兄妹花」，漢武帝也招架不住

「兄以妹貴」在歷史上比比皆是。但李延年的例子比較特殊。他不但紅，還紅到床上去！《漢書．佞幸傳》記載：「延年由是貴為協律都尉，佩二千石印綬，而與上臥起，其愛幸埒韓嫣。」最後兩句是關鍵所在。李延年跟皇帝一起睡，這裡恐怕不會是「蓋棉被，純聊天」。尤其是「武帝對他的寵幸不輸韓嫣」這句話。韓嫣是誰？他是漢武帝劉徹還是「膠東王」（封地在今日山東省東部）時的伴讀。《史記．佞幸列傳》記載：「今上為膠東王時，嫣與上學書相愛。」又說：「時嫣常與上臥起。」

司馬遷所寫的《佞幸列傳》詳盡記述自高祖劉邦至武帝劉徹，共五代西漢皇帝的同性愛故事，堪稱史上最完整的「同人誌」。他還怕人們對「佞幸」二字不了解，乾脆在這篇報導開宗明義的說：「諺曰：『力田不如逢年，善事不如遇合』，固無虛言。非獨女以色媚，而士宦亦有之。」意思是說：「俗話說，『努力耕田，不如遇上好年景。會做官，不如得到君主的賞識。』這不是白說的。以美色諂媚而獲得寵幸的並非只有女子，男人做官也有靠這一招的。」話說得十分露骨。所以韓嫣、李延年「常與上臥起」（跟皇帝一起「洗洗睡」），實在給人很大的想像空間（尤其是那個「常」字）。

漢初的幾個皇帝都喜歡「男女通吃」，武帝似乎更特別愛這一味。韓嫣應該是「花美男」無疑。他跟弟弟韓說同樣獲得武帝的寵愛，是為「兄弟共侍一夫」。李延年的妹妹既有傾國傾城之貌，想必他本身也長得很好看。加上被閹割過，身體、氣質更像女人，會迷倒主子並不意外，於是造就了「兄妹共侍一夫」這段「佳話」。

無奈，「人無千日好，花無百日紅」乃是至理名言。後來李夫人病了，當她病重時，漢武帝親自去探病，她卻用被子蒙著頭，以「病容難看」為由，婉拒跟武帝見面。武帝再三勸說，李夫人最後索性不再說話，武帝只得拂袖而去。皇帝走後，李夫人的姊妹都責怪她不該拒絕讓皇帝見她一面。

李夫人回答說：「我之所以不讓皇上看見我，是為了兄弟們的將來。我因為容貌美好，獲得皇上寵幸。向來以色侍人者，色衰就會愛弛。愛弛，恩寵皆絕。皇上之所以如此想念我，是因為我以前長得好看。如今若看見我形貌崩壞，必定厭惡。以後又怎會再想念我、照顧我的兄弟呢？」由此可見，李夫人真是一位深懂性心理學的高手，緊緊抓住了人「性」的弱點。

李夫人大約在太初元年（西元前一〇四年）至太初四年（西元前一〇一年）之

間去世。《漢書》形容她「少而早卒」，所以她離世時應該還很年輕。她留下一個兒子劉髆，被視為近年「考古大發現」的「海昏侯墓」，墓主人劉賀即是劉髆之子、李夫人之孫。

為了可愛的李妹妹，連招魂大法都用上了

漢武帝十分想念李夫人，於是找來「方士」（大法師）少翁招魂。《漢書・外戚傳》對這一幕有非常精采生動的描寫：「上思念李夫人不已，方士齊人少翁言能致其神。乃夜張燈燭，設帷帳，陳酒肉，而令上居他帳，遙望好女如李夫人之貌，還幄坐而步。又不得就視，上愈益相思悲感，為作詩曰：『是邪，非邪？立而望之，偏何姍姍其來遲！』令樂府諸音家絃歌之。上又自為作賦，以傷悼夫人。」

這段話的大意是說：一個長得一副娃娃臉的老頭子（少翁）為武帝設帳招魂。居坐帳中的漢武帝遙遙望見另一個帳裡有個很像李夫人的女子身影，一會兒坐、一會兒起來走動。漢武帝卻被禁止靠近去看個真切，心中更傷感了。就賦詩說：「是你，不是你？我癡癡的盼著、看著，為什麼你那麼晚才來呢？」這就是成語「姍姍來遲」的出處。這個故事十分淒美，儘管這場所謂的「招魂」，手法非常類似今天

的「皮影戲」。

詭異的是，《史記．孝武本紀》記載了一個非常類似的故事，招魂的對象卻變成了時代較晚的另一位武帝愛妾王夫人：「齊人少翁以鬼神方見上。上有所幸王夫人，夫人卒，少翁以方術蓋夜致王夫人及灶鬼之貌云，天子自帷中望見焉。於是乃拜少翁為文成將軍，賞賜甚多，以客禮禮之。」用白話說就是，少翁用法術在夜間招來了王夫人與灶神的形貌，讓天子從帳幕中遙望。

到底漢武帝招魂的對象是王夫人還是為李夫人？理論上說，《漢書》較晚出，資料應該比較豐富完整。而且撰寫《漢書》的班彪（父）、班固（子）與班昭（女）一家人應該看過《史記》，卻在關於李夫人的記述裡跟《史記》發生了多處矛盾。是他們修正了司馬遷的錯誤嗎？很難說，因為《漢書》本身記述似乎也有謬誤。該書說武帝以「皇后之禮」為李夫人下葬，然而李夫人逝世時，「正港」皇后衛子夫尚未被廢。《漢書》記載：方士少翁是為李夫人招魂。但《史記．孝武本紀》卻明白寫著少翁早在李夫人未死之前的元狩五年（西元前一一八年），就因為法術被拆穿而遭到誅殺。《史記》比《漢書》可信嗎？還是很難說。

很有戲的李氏一家

回到李延年身上。《漢書．佞幸傳》記載：「延年弟季與中人亂，出入驕恣。及李夫人卒後，其愛弛，上遂誅延年兄弟宗族。」意思是說：李延年的弟弟李季跟宮女淫亂，還十分驕縱。李夫人去世後，皇上的寵愛變淡了，於是誅殺了李延年兄弟一族。

《史記．佞幸傳》卻說：「久之，（李延年）浸（逐漸）與中人亂，出入驕恣。及其女弟李夫人卒後，愛弛，則禽誅延年昆弟也。」不曉得司馬遷下筆時是否有漏字，在他的書裡竟然變成了李延年與宮女淫亂！這裡問題就來了。《漢書》敘述「李延年的弟弟李季跟宮女淫亂」是合邏輯的，因為李季不是閹人。《史記》卻指「來亂」的是李延年，他不是被閹了嗎？所以後代史家多半認為《漢書》的記述較可信。

然而，「與宮女淫亂」並非必然是「真槍實彈」的性愛，李延年仍可以利用他的權勢（出入驕恣）和某種性愛方式來達成淫亂目的。而且，他跟武帝的同性愛可能是被逼的，但是跟宮女們的性愛，卻可能是出於異性戀的性衝動。

李延年、李夫人他們家還有一個很有名氣的哥哥——以打贏「汗血馬戰爭」而知名的「貳師將軍」李廣利。李延年兄弟被誅之時，李廣利正在為奪取汗血馬攻打大宛國（位於烏茲別克、塔吉克與吉爾吉斯三國交界處），所以未被株連。但征和三年（西元前九十年），李廣利奉命出兵五原（今內蒙古五原縣）攻打匈奴前夕，曾跟平定了前太子劉據「巫蠱之亂」的丞相劉屈氂合謀，立李夫人之子昌邑王劉髆為太子。

此事後來被人告發，劉屈氂被腰斬，李廣利之妻被下獄。當時李廣利正在乘勝追擊，聽到消息後恐懼遭禍，希望在擊敗匈奴後，以戰功換取不死。無奈最後戰敗，李廣利只得投降匈奴，李氏族滅。

李延年的故事很有啟發性。第一，他揭開了「太監性生活」的另一張神祕面紗：太監非但可以跟宮女「淫亂」，也可以跟男人發生性關係。當然，最主要對象是皇帝，或是皇子。至於宦官之間有沒有同性愛呢？想必是有的，但尚待進一步的資料揭露。

李延年是不世出的「跨界達人」，宦官出身的他非但有性生活、男女通吃，甚至還「兄妹共侍一夫」，真的是很「跨」張！

輪流轉

東漢的「宦官外戚大亂鬥」

東漢兒皇帝與他的太監好友們

「太監來亂」幾乎歷朝歷代、或多或少都有。趙高甚至用一人之力就挑倒了整個大秦帝國。不過第一次大規模集體來亂的，卻出現在東漢。由於規模太大，柏楊版《資治通鑑紀事本末》稱之為「第一次宦官時代」。它缺乏像趙高這樣明星級的「高」人，但「輸人不輸陣」，東漢宦官造成的禍害既久又深，同樣摧毀了一個大帝國。

東漢宦官之亂的導源，跟「少帝」太多有關。它引發了外戚與宦官之間的權力鬥爭，禍延百年。從漢初的呂后集團起，外戚一直都是影響漢代歷史發展的一股重要力量。篡滅西漢的王莽就是來自外戚集團，到了東漢，情形更加嚴重。章帝死後，從漢和帝（西元八八～一〇五年）至靈帝（西元一六七～一八九年）大約一百年間，東漢有十個皇帝都是幼齡即位，又很短命就「掛」了。每次幼主登基，多由太后臨朝聽政，太后必然重用自己的家族，造成外戚專權。但是小皇帝一旦長大了，就會想奪回權力，於是開始重用身邊的人。而最接近他的人，當然就是「從小玩到大」的太監啦！

皇帝利用身邊的宦官翦除外戚，宦官因為獲得皇帝的信任和重用，發展成為重要政治勢力，遂形成宦官專政的局面。無奈皇帝很年輕就「掛」了。新的幼主即位，新的太后臨朝、新的外戚專政、如此惡性循環，東漢也就這樣「被玩完了」。有趣的是，根據歷史正、反、合的辯證法則，「宦官外戚大亂鬥」發展到最後竟也DNA 突變：出現有潔身自愛的外戚、以及太后跟太監「如膠似漆」的例子，為這齣「大亂鬥」譜下最讓人哭笑不得的最終章。

東漢宦官與外戚的第一場惡鬥，發生在漢和帝年間。西元八十八年，漢章帝劉炟崩，第四任皇帝（和帝）劉肇十歲即位，竇太后臨朝，重用竇氏一族。鉤盾令[1]鄭眾很有心機，不依附外戚，心向王室，因此得到和帝寵信。永元三年（西元

1 鉤盾令：漢少府屬官，相當於皇家花園的管理員，由宦官擔任。

九十一年），太后之兄、大將軍竇憲大破匈奴後權傾朝野，起了篡逆之心。和帝得知竇憲陰謀後，決定跟鄭眾合謀，先下手為強。

永元四年，竇憲班師回京。進城之後，朝廷勒兵逮捕竇憲及其黨羽，沒收大將軍印綬，廢竇憲大將軍之位，改封冠軍侯，之後更將他賜死。《漢書》作者班固曾擔任竇憲的中護軍，大破匈奴時在燕然山（今蒙古共和國杭愛山）為竇憲「刻石勒功」，他在竇憲倒台事件中也受牽連，最後死於獄中。未完成的《漢書》，後來由他妹妹班昭續成。竇憲一死，意味東漢第一個外戚專權時代結束。鄭眾因首功封「鄛鄉侯」，成為史上第一個封侯的宦官，從此把持朝政，開啓了東漢宦官專權的時代。

鄭眾
生不詳—西元 114 年

鄧太后的掌權時代

漢和帝在位十七年，西元一〇六年駕崩，得年二十七歲。他的第二任皇后鄧綏

（漢光武帝功臣鄧禹的孫女）臨朝，是為鄧太后。由於和帝長子劉勝體弱多病，鄧太后改立漢章帝的孫子、當年被廢的太子清河王劉慶之子劉祜為帝，是為漢安帝（時年十三歲）。鄧太后深懂權力平衡的道理，由於竇氏集團殷鑑不遠，她除了重用哥哥鄧騭等外戚之外，也起用不少宦官如蔡倫等人為助，用他們來傳達內外消息。鄧太后是政治女強人，屢次以皇太后的名義下詔書，甚至還自稱「朕」。但皇帝成年之後，她仍遲遲不肯讓安帝親政，引起了一些人不滿，當中一個就是郎中（尚書的屬官）杜根。

杜根上書表示安帝已長大，應該親政。鄧太后大怒，命衛士給他「蓋布袋」，在殿上擊殺之。但執法者感佩他的大義凜然，不忍心殺他，暗中告訴執刑者手下留情，讓曝身曠野的杜根得以「死去活來」。三日後，眼睛都已長蛆的他，最後逃入宜城山中，在酒肆當一名酒保，前後隱居十五年。安帝親政後才得以復出，拜「侍御史」。

鄧太后攝政長達十六年，她死後，很多人跟著倒楣。當中包括一個大有名氣、改良中國造紙技術的大發明家——蔡倫。原來當年漢章帝寵幸宋貴人而冷落竇皇后，在建初四年（西元七十九年）立宋貴人的兒子劉慶為太子。竇皇后無子，收養梁貴人的兒子劉肇為子。在嫉妒心驅使下，她跟家人陰謀廢去劉慶的太子之位，改立劉肇為太子。建初七年（西元八十二年），竇皇后誣陷宋貴人「作蠱道祝詛，行厭勝之術」（就是使用「黑魔法」啦）。當年還是小太監的蔡倫，在竇太后指使下參與誣陷。宋貴人和同為嬪妃的妹妹服毒自殺，太子劉慶被廢，貶為清河王。

未料歷史發展陰差陽錯，劉慶的兒子劉祜後來竟然被鄧太后立為皇帝。鄧太后在永寧二年（一二一年）「去見先帝」後，漢安帝劉祜親政，命蔡倫到廷尉[2]那裡去自首。蔡倫不願受辱，沐浴更衣後，服毒自殺。由於累積太多反感，安帝對鄧太后一族並不感恩，不久後就跟宦官李閏、江京合謀，唆使宮人誣指鄧騭兄弟當初意

蔡倫
西元 63 － 121 年

圖另立平原王劉翼為帝，鄧騭絕食而死。

安帝打倒外戚之後，寵信李閏、江京（二人皆封侯），封乳母王聖為「野王君」（「野王」是縣名）。王聖可說是「明朝大奶媽」客氏的前身，榮寵無極。安帝還為她大修宅第，導致不少人仿傚。太尉楊震屢屢勸諫，安帝只當作耳邊風。後來，中常侍[3]樊豐譖言楊震是「鄧氏故吏，有恚恨心」。楊震被罷官，飲酖[4]自殺。東漢的政治自此每況愈下，邁向衰敗。

東漢皇帝真可憐

西元一二五年，安帝崩，皇后閻氏升級為皇太后。她看見之前的「皇太后們」掌控小皇帝好不威風，也妄想長期執政，太后「當到爽」。她自己無子，卻故意不立安帝長子劉保為帝，改立襁褓中的章帝孫子劉懿，史稱「東漢前少帝」，由兄弟

2 廷尉：九卿之一的高官，主管刑法、監獄，以及審判案件，相當於最高司法官。
3 中常侍：僅是虛職，皇帝寵信之臣得以加銜，多由宦官擔任。
4 酖：讀作「振」，即毒酒。

閻顯等人把持朝政，準備「做好做滿」。無奈閻太后機關算得太盡，造化弄人，劉懿只活了兩歲即夭折，在位僅兩百二十七天。閻太后祕不發喪，跟親信密謀另立接班人。

但中黃門（宦官泛稱）孫程等十九名宦官發動宮廷政變，誅殺閻顯兄弟與江京，囚禁閻太后於離宮，迎立濟陰王劉保，是為漢順帝。劉保跟閻氏一族可謂「苦大仇深」，他的生母——宮女李氏被閻皇后毒殺。但因為他是安帝獨子，所以仍被立為皇太子。

說來奇怪，安帝乳母王聖本身是奶媽，卻排斥別人的奶媽。在安帝駕崩的前一年，她聯合江京、樊豐誣陷太子劉保的乳母王男，王男被殺。接著他們一不做二不休，構陷太子劉保，劉保因此被廢為濟陰王。

所以劉保上位後，閻氏就倒楣了。政變後約三個月，閻太后又氣又惱，最後含恨而終。由於漢順帝劉保的皇位是靠宦官出力得來的，大權很自然就落到他們手上。後來宦官又與外戚梁氏聯手，開始了長達二十多年的「聯合執政」局面。劉保十一歲登基，十四歲時，他從後宮選中梁妠和她姑姑梁茱兩人，封為貴人。梁妠姿色美豔，頗受寵愛。

陽嘉元年（西元一三二年），梁妠封后。梁皇后待人律己皆嚴，最初她讓父親梁商任大將軍。梁商居於高位，卻是為人謙虛，謹守本份。然而，西元一四一年他過世之後，梁商之子、皇后之兄梁冀接任大將軍，情況就不一樣了。

以梁冀為首的外戚集團把持朝政。順帝劉保死後，兩歲的太子劉炳繼位，只當了五個月皇帝就「掛」了，是為沖帝。梁太后再立章帝的曾孫、八歲的劉纘，是為質帝。這個小孩很聰明，但就是說話太直白。劉纘有一次在朝會時，竟然當著大家的面指著梁冀說：「此跋扈將軍也！」不久之後，質帝在位僅僅一年，梁冀就用毒餅殺害了他，再立章帝的另一名曾孫——十五歲的劉志，是為桓帝。梁妠三度以皇太后身份臨朝聽政。

這時候，歷史的長河來到了一個洪峰。

著名的諸葛亮《出師表》裡說：「親賢臣，遠小人，此先漢所以興隆也；親小人，遠賢臣，此後漢所以傾頹也。先帝在時，每與臣論此事，未嘗不歎息痛恨於桓、靈也。」桓，即是桓帝。諸葛亮點名他招人痛恨，由此可知，東漢最黑暗的時代來臨了。

和平元年（西元一五〇年），梁太后逝世，歸政於桓帝。她在遺詔中要求桓帝跟梁冀兄弟共同主持朝政，讓一直跟梁冀「不對盤」的桓帝劉志更反感。梁氏一族七侯、三皇后、六貴人、三將軍，梁冀秉政將近二十年，威擅權柄，結黨營私，且大封梁氏一門為侯為官，劉志早就如芒刺在背，無奈羽翼未豐，只有一直隱忍。九年後（西元一五九年）的七月，他的皇后（梁冀之妹梁女瑩）去世。

一個月後，他終於動手。之前他不敢動手，是因苦無「死士」，但在一次偶然

大亂鬥的高潮

黨錮之禍

的機會下，終於讓他找到了！

很「猛」的鄧皇后

讓我們把故事繼續看下去。當時有一名郎中叫鄧香，祖父是被漢光武帝封為「雲台二十八將」之一的鄧禹。鄧香育有一女叫鄧猛。鄧香早逝，妻子宣氏帶著當時年紀還小的女兒改嫁梁紀，因此鄧猛一度跟著繼父姓梁。梁紀是大將軍梁冀之妻孫壽的舅舅。鄧猛長大後，美得「閃閃惹人愛」，孫壽推薦她入宮，封為「采女」，不久晉為「貴人」，備受寵幸。

梁冀想把鄧猛收為自己的女兒，嫌她的媽媽宣氏礙手礙腳，於是派人暗殺。未料刺客潛入屋內時動作太大，驚動了宣氏的家人，他們馬上派人報告桓帝。當時桓帝正在上廁所，「嗯嗯」被打擾，聽到報告後怒不可遏。他把黃門（宦官別稱）唐衡單獨叫來，問他說：「我的左右跟梁氏家族不對盤的有誰？」唐衡回答：「單超、左悺跟梁氏有過節，徐璜、具瑗也痛恨他們。」桓帝於是把他們找來，咬破單超的手臂，歃血為盟。

梁冀一度發覺「保皇派」有動靜，派中黃門張惲擔任「無間道」，入宮值班住宿，以防事變，結果張惲被具瑗祕密拿下。由於計畫即將曝光，桓帝命親信集合羽林親衛軍、皇城警衛隊等一千多名武裝力量，突襲包圍梁冀官邸，沒收大將軍印，梁冀、孫壽夫婦自殺。孫、梁家族老少都被處死，被牽連罷官的官員達三百多人，一時中央政府幾乎無人辦公。百姓則額手稱慶。鄧猛從「貴人」被升格為皇后。

桓帝一舉誅滅梁氏集團，單超、徐璜、具瑗、左悺、唐衡等宦官因為有大功，同日獲封侯，史稱「五侯」。但無論外戚或宦官，有了權力就容易腐敗，五侯發達後比外戚更貪腐，對百姓勒索搶劫，民不聊生，怨聲載道。白馬縣令李雲上書痛批說：「獲封采邑的謀臣達萬戶人家，高祖地下有知，也會覺得不妥吧？如今官位錯亂，小人諂進，財貨公行，政化日損，當今的皇帝還是皇帝嗎？」尤其是最後一句，讓桓帝萬分震怒，下令逮捕李雲處死。

其實桓帝不但濫封官爵，美女內寵也越來越多。皇后鄧猛因為嫉妒，後來被廢，憂憤而死。光祿勳[1]陳蕃上書進諫說：「一家若有五名女兒，必定貧窮（嫁妝負擔太重），宮裡采女多達數千，食肉衣綺，脂油粉黛，花費不可計數。這豈不是造成國家重大負擔？」這次桓帝倒是接納了規勸，釋出宮女五百餘人，造福民間不少「王老五」。

士人與太監的大對決

桓帝延熹八年（西元一六五年）是重要的一年。這年七月以陳蕃為太尉[2]。九月，封竇武之女為皇后、以李膺為司隸校尉[3]。這些人都跟後來的「宦官對決士大夫」關鍵戰役有重大關係。李膺以威嚴明察著稱，當時還是小黃門的張讓，有個弟弟張朔是野王縣縣令，貪殘無道。張朔知道李膺出任司隸校尉後，嚇得馬上逃回京

1 光祿勳：即秦、西漢的郎中令一職。漢武帝太初元年（西元前一〇四年）改名為光祿勳，掌管禁宮警衛。

2 太尉：三公之一，是最高軍事長官。

3 司隸校尉：負責監督中央及附近七個郡官員的監察官職。

師，躲進兄長家裡的夾壁中。李膺率人把張朔從夾壁裡抓出來，交付審判後處死。之後，所有宦官都鞠躬屏氣，連放假都不敢出宮。桓帝問：「這是怎麼回事？」他們哭著叩頭說：「畏懼李司隸校尉。」

李膺的名氣既大，好友陳蕃、杜密等人也備受知識分子吹棒。太學生視他們為正義與知識的化身，還為他們編了歌謠：「天下模楷李元禮（李膺），不畏強御陳仲舉（陳蕃）。」太學生是一群拉黨結派的「道德魔人」，最愛月旦（打分數）人物，批評時政，如果生在現代，恐怕每一個都會成為電視名嘴！在高度的道德驅使之下，終於把李膺一群人跟宦官的衝突推到了一個「刺激驚爆點」。因為宦官也不是好欺負的，他們一直伺機而動。延熹九年（西元一六六年）發生的張成事件，就成為他們反撲的絕佳機會。

當時河內（今河南）有一個叫張成的土豪，善觀天文星相，占卜吉凶。他結交宦官，連桓帝也曾經向他請教過。他推算近期將有大赦，於是唆使兒子趁機殺人。李膺理所當然的逮捕了張成之子，正準備處以極刑，未料接下來皇帝真的大赦天下。李膺氣炸，竟然不顧大赦令，照殺不誤！懷恨已久的宦官侯覽於是指使張成的弟子牢修上書，控告李膺等人「養太學游士，交結諸郡生徒，更相驅馳，共為部黨，誹訕朝庭，疑亂風俗」。桓帝看到後大怒，下令逮捕黨人，同時向全國公布這些人的罪行，要求天下人一起聲討。

延熹九年，李膺、杜密、范滂等兩百多人被捕，朝廷還要政治追殺，懸賞緝拿逃跑者，一時之間「使者四出，相望於道」。太尉陳蕃見局面失控，力諫說：「杜塞天下之口，聾盲一世之人，與秦焚書坑儒何以為異？」桓帝聽了更生氣，結果把陳蕃也罷免了。朝臣看見連陳蕃都自身難保，紛紛嚇得不敢吭聲。這時候，知識分子的代表、意見領袖之一的賈彪出來說話了，他對同志說：「吾不西行，大禍不解。」他找到了一個跟皇帝說得上話的有力人士：竇武。

竇皇后的父親竇武是外戚裡的異類：潔身自愛、不受賄賂、愛結交知識分子。他不滿宦官專權，也同情太學生的反宦官運動，於是他接受賈彪拜託，上書請求赦免黨人。他勸桓帝說，此舉將會使「天下寒心，海內失望」。加上李膺等人在獄中供出許多宦官子弟的惡行，宦官們怕牽連自己，於是向桓帝建言「見好就收」，又說天機也到了該大赦天下的時候。桓帝遂在翌年（西元一六七年）宣布改元永康，六月大赦天下，赦免黨人兩百餘人，把他們全部趕回家，終身禁錮，不許再做官。史稱「第一次黨錮之禍」（宦官以「黨人」罪名禁錮士人终身，故名「黨錮」）。

這些黨人雖然被罷黜，卻得到了比當官更尊崇的社會敬仰。范滂出獄回家，鄉人迎接他的車輛多達數千輛。「度遼將軍」皇甫規甚至以沒有名列「黨人」被捕為恥，上書「臣宜坐之」，要求把他一塊治罪。不過桓帝沒有理他。

同年十二月，桓帝駕崩。由於他沒有子嗣，被尊為皇太后的竇皇后決定立章帝的玄孫、十二歲的劉宏繼位，是為靈帝。翌年改元建寧（西元一六八年）。竇太后任命父親竇武為大將軍，陳蕃再度被任命為太尉，兩人與司徒[4]胡廣一起掌握朝政。名士李膺、杜密、尹勳、劉瑜等人重新被起用，民間大多以為賢人在朝，太平盛世快要來了。然而，這只是大風暴來臨前的幻象。

一次禍亂不夠，要不要來兩次？

這次宦官們不再等小皇帝長大親政了，直接向太后進攻，於是出現了東漢史上少見的「太后太監很麻吉」現象！宦官領袖曹節、王甫等人聯同小皇帝的乳母趙嬈，在竇太后面前諂媚侍奉，竇太后多次在他們慫恿之下亂下命令。陳蕃、竇武等人無法坐視這些宦官干涉朝政，於是私下商議，趁著出現日食的機會上書太后，要求革除宦官參政，但竇太后認為從漢元帝時起就有宦官參政了，這是正常現象。儘管在竇武等人堅持下，仍處死了宦官管霸、蘇康等，卻執意保護曹節等人，不准別人輕舉妄動。竇武等人於是決定祕密動手。

九月初七，竇武剛好休假，出宮回家。宦官一夥偷出他的奏摺，得知竇武誅殺曹節的計畫後，連夜歃血為盟，發動政變。他們跟皇帝的乳母趙嬈一起矇騙年幼的靈帝，格殺親近士人的宦官山冰等人，搶奪皇帝的印、璽、符、節，並脅迫尚書假傳詔令，還劫持了竇太后，派人追捕竇武、陳蕃等。宦官曹節、王甫糾集千餘兵馬圍攻竇武，竇武逃入步兵營起兵對抗。擔任「護匈奴中郎將」的張奐這時候剛好回到京師，尚未搞清楚情況，就被宦官假傳聖旨騙過了。張奐誤以為竇武造反，於是率五營戰士跟王甫率領的千餘虎賁軍、羽林軍一起進攻竇武。竇武被重重圍困，最後自殺。

八十多歲的陳蕃聞訊，率太尉府僚及太學生數十人拿著武器衝進承明門，攻到尚書門時，因寡不敵眾被擒，當日遇害。竇武宗親賓客姻屬及侍中劉瑜、屯騎校尉馮述等人皆被族滅。竇太后被軟禁在南宮，李膺等再次被罷官，禁錮終生。

4 司徒：三公之一，主管教化。

張奐因「平叛」有功，被宦官們提拔為大司農，還封了侯。張奐深恨自己被曹節等人欺騙，害死忠良，鑄成大錯，堅決不肯受印。不久後，他趁天有異象時，上書靈帝，要求為竇武、陳蕃等人平反，迎回竇太后，並推薦李膺等出任三公。靈帝認為他說得有理，但宦官們進讒言後又改變了靈帝的想法，反而追究起張奐的責任。張奐只好去廷尉「自首」，最終被罷官回家，也落得了禁錮終生的下場。

宦官見竇武、陳蕃、李膺等人名望仍在，繼續政治清算，在靈帝面前誣陷黨人「欲圖社稷」（意圖謀反）。年僅十四歲的靈帝很好騙，建寧二年（西元一六九年），大獄再起。李膺、杜密、翟超、范滂等百餘人被下獄處死。在各地陸續被逮捕、殺死、流放、囚禁的士人達六七百人。

范滂自動投獄。汝南縣令郭揖乾脆棄官不幹了，要跟范滂一起逃跑。范滂阻止他說：「我死了禍事就結束了，怎能連累你呢？」後來范滂跟母親訣別：「兒今日能與李膺、杜密齊名，死亦何恨？」遂與李膺、杜密等百餘人被捕，死於獄中。

宦官侯覽的家人在家鄉山東無惡不作，山東名士張儉上書彈劾。氣急敗壞的侯覽指使無賴誣告張儉跟同郡二十四人結黨，意圖造反，於是靈帝下詔追捕張儉等人。張儉四處逃亡，「望門投止」（看見有人家的地方就前往投宿），遇者「破家相容」（人們甘願冒滅門的風險也要收留他），當中包括以「讓梨」知名的孔融。

當時張儉本來是投奔孔融的大哥孔褒。孔褒碰巧不在家，只有孔融在。孔融隨即藏匿了張儉。此事被官府知道後，張儉再逃，遭牽連的孔家卻「一門爭死」。孔母說她是家長，理該負責。但全家兄弟人人搶著說「該讓我死」！最後皇帝決定由孔褒負責，將他處刑。張儉在眾人的幫助下，最後逃到了塞外，被他牽連而家破人亡的，多達數十家人。以上事件，史稱「第二次黨錮之禍」。

清末「戊戌六君子」之一的譚嗣同在「百日維新」失敗後，自動投獄，並留下一首著名的絕命詩——〈獄中題壁〉。原文是這樣的：「望門投止思張儉，忍死須臾待杜根。我自橫刀向天笑，去留肝膽兩崑崙。」詩中正是以張儉、杜根的故事來表達他當時的心境，以及對維新黨人的期許。這首作品後來也成了無數革命人士最愛歌詠的詩篇。

但禍事還沒完全結束，熹平元年（西元一七二年），竇太后崩，宦官從此肆無忌憚。熹平五年（西元一七六年）五月，永昌太守曹鸞上書為「黨人」鳴冤，認為近年來「天象異變，水旱不斷」，都跟「黨錮」有關，請求解除禁錮，未料此舉反而觸怒了靈帝，下令收捕並處死曹鸞。

接著，靈帝又下詔：凡是黨人門生、故吏、父子、兄弟在朝中為官的，一律罷免，禁錮終生，並牽連五族。黨錮的範圍持續擴大，在宦官把持下，東漢的政治局勢已經暗無天日。靈帝寵信身邊的中常侍張讓、段珪、趙忠等十二人，史家舉其大數稱「十常侍」。這些人參與朝政、批覽奏章、賣官鬻爵、盤剝百姓。靈帝卻心甘情願受他們「照顧」，還公開對人說：「張常侍乃我父，趙常侍乃我母。」皇帝甚至跟宦官一起搜刮民脂民膏，可謂腐敗到極點。

這種皇帝，私生活當然不可能規矩到哪裡去。晉代王嘉《拾遺記》記載，靈帝曾在西園建了上千間「裸游館」，嚴選十四至十八歲的宮女在池中裸泳。晉代袁山松版本的《後漢書》則記載，靈帝甚至曾在西園找來人和狗表演「人獸交」，品味

袁紹誅宦官

凡「少一根」者，必殺之！

真的十分「前衛」。

十常侍之亂，有多亂？

漢靈帝荒淫昏庸、朝政腐敗，加上天災頻傳，點燃了漢代最有名「農民革命」的導火線。中平元年（西元一八四年）二月，鉅鹿人張角三兄弟以「蒼天已死、黃天當立、歲在甲子、天下大吉」為口號，煽動百姓造反，「黃巾之亂」爆發。

漢靈帝怕黨人跟黃巾一同造反，於四月大赦天下，免除了黨人親屬關係三等親以外者的禁錮。但是已經來不及了，這次動亂所向披靡，給病入膏肓的東漢王朝帶來沉重打擊。「黃巾之亂」儘管在中平五年（西元一八八年）被皇甫嵩、朱儁、曹操合兵討平，然而造成的破壞極大，從此東漢名存實亡。中平六年（西元一八九年），漢靈帝病死，得年三十四歲，「黨錮之禍」告結。

同年三月，漢少帝劉辯繼位，靈帝的皇后何氏升級為皇太后。何太后任命同父異母兄、屠夫出身的何進擔任大將軍，執掌朝政大權。但宦官勢力過大，何進十分忌憚。四世三公、士族出身的司隸校尉袁紹建議把當時駐軍河東（今山西夏縣一帶）的「前將軍」（古代武將職稱）董卓召回京城，脅迫何太后下定決心誅除宦官。董卓接到召令後，在七月一邊進兵、一邊上書，請求收捕張讓等諸宦官，何太后拒絕。接著，袁紹要董卓再上奏章，揚言即將進逼平樂觀（洛陽城西之外）。何太后害怕了，把所有貼身侍奉的宦官趕走，只留下一批何進的親信。

宦官領袖張讓等人開始嗅到事情不對勁了。八月二十五日，何進到長樂宮請求太后授權殺掉所有掌權宦官。張讓派人暗中偷聽他們的對話，得知何進的陰謀後，宦官們大為震驚。張讓與段珪商議之後，決定先下手為強。他們率領數十人，持兵器在殿門埋伏。待何進出殿，就派人追上去騙他說：「太后有事再度召見。」何進不疑有他，剛回頭入宮，張讓等人就從中攔截，質問他為什麼要殺宦官。但說不了幾句，尚方監（御庫房總監）渠穆就拔出劍，在嘉德殿前斬殺了何進。

張讓、段珪接著矯詔任樊陵為司隸校尉、許相為河南尹（首都洛陽市長）。詔書草稿到了尚書手裡，被發現事態可疑，尚書要求：「請大將軍何進出來共議。」一名宦官把何進的頭扔過去，說：「何進謀反，已經誅殺！」當時何進的手下軍官吳匡、張璋都在宮門外，聽到何進被殺，想帶兵進宮。但宮門已關閉。虎賁中郎將（禁衛軍統領）袁術與吳匡只得破門，手執武器的宦官死命頂住。眼看天色已晚，袁術下令放火燒南宮青鎖門，意圖逼張讓一夥人出來。

張讓見大勢不妙，跑去告訴何太后說：「大將軍造反了，正在放火燒宮殿，還要進來殺死所有人！」然後擁著太后、少帝以及陳留王劉協等人從閣道（樓閣的上下雙重走道）走往北宮。另一名尚書盧植當時正執戈於閣道窗下，仰起脖子對著段珪大罵。段珪等人害怕，放開了太后，太后趕緊躍下閣道，逃過了一劫。

與此同時，袁紹與叔父袁隗矯詔叫宦官一黨的樊陵、許相前來，將兩人斬殺。接著，袁紹及何進之弟何苗帶兵包圍朱雀門，當場擒殺宦官趙忠等人。吳匡等將領素來抱怨何苗不跟哥哥何進同一條心，更

張讓
西元 135 － 189 年

懷疑他跟宦官同謀，竟煽動軍士：「殺大將軍的就是車騎將軍何苗，大家願意替大將軍報仇嗎？」何進向來對部下有恩，士卒痛哭流涕地說：「願出死力！」吳匡於是領兵跟董卓的弟弟、奉車都尉（御車總監）董旻攻殺何苗，棄屍在皇家花園。

接著，袁紹關閉北宮門，勒兵搜捕宦官，只要是沒有鬍鬚的，不論老少統統格殺勿論！以致很多無鬚的人死得冤枉。有些人急中生智，解開衣服驗明「有一根」才得以倖免於難。在這次屠殺中，送命的多達兩千餘人。

八月二十七日，困守寢宮的張讓、段珪等人決定挾持少帝與陳留王數十人逃出谷門（洛陽北面的門），一路往北「火線大逃亡」，深夜到達小平津[1]。河南中部掾（洛陽市政府中區祕書）閔貢隨後追到，對張讓厲聲斥責：「你如果不趕快自我了斷，我就殺了你！」又執劍斬殺數人。張讓等人十分害怕，向少帝作揖跪拜說：「我們要死了，陛下好好保重！」最後全體投水自盡。以上這段經過，史稱「十常侍之亂」。

董卓的自我膨脹

正當宮裡殺聲震天之際，董卓大軍挺進顯陽苑（洛陽西郊），遠遠看見洛陽火光沖天，知道發生了重大變化，引兵急進，二十八日黎明前抵達洛陽城西。董卓得知少帝下落後，迎帝於北邙坡（今北邙山）下。十四歲的少帝劉辯看見董卓突然率大軍前來，嚇得哭了出來。董卓上前跟少帝問起禍亂緣由時，發覺他語無倫次，在一旁的陳留王劉協卻對答如流。董卓十分高興，覺得陳留王比少帝有才，於是在心中有了廢黜少帝、改立劉協為帝的念頭。

董卓率軍入洛陽後，跟袁紹商議要廢少帝、改立其弟陳留王。袁紹反對，董卓按劍喝斥對他說：「天下之事，豈不在我？我欲為之，誰敢不從？」袁紹一聽，勃然大怒：「天下健者豈惟董公！」（天下英雄不只你一人！）然後拔出配刀，比劃了一下，便氣沖沖的走了。董卓初到洛陽，暫時還不敢對家族勢力龐大的袁紹動手。袁紹知道自己處境危險，不敢再留下來，把司隸校尉的符節掛在上東門（洛陽城門）後，直奔冀州（今河北省中南部），組織「反董勤王軍」，這是另一段後話了。

接下來，董卓盡攬朝政，大肆淫亂後宮，殺何太后，廢少帝劉辯，另立傀儡皇帝劉協，是為漢獻帝。東漢從此走入最終章，中國開始進入英雄輩出的三國時代。

1 小平津：古代黃河重要渡口，今河南孟津縣東北。

東漢「宦官力」大解析

東漢政權建立者劉秀身體勇健，活了六十二歲，有十一個兒子和五個女兒。但之後東漢皇帝普遍短命，十三個皇帝裡只有三個活過四十歲，平均年齡二十九歲。短命皇帝是從第三任的漢章帝開始的，之後的皇帝血統都出自漢章帝這一脈。當中只有「末代皇帝」漢獻帝劉協因退位後獲有優待，活了五十四歲。除了皇子多早夭之外，皇帝無子的情況同樣嚴重，共有五位皇帝沒有生子。東漢十五個皇后裡，無子的更有十個。「無子」、「幼齒」的皇帝太多，成了這個帝國的致命傷。為什麼會這樣呢？

東漢統治階級基於政治利益考量，皇室多與世家大族聯姻。馬、竇、鄧、梁四大家族就出了七個皇后，其子弟娶公主為妻的更多。因此引發了「近親繁殖」的後遺症，子孫後代資質平庸，甚至體弱早夭。東漢後期皇帝多半孱弱，宦官把持朝政，宗室也無人可用，成為東漢滅亡的重要原因之一。

第二，年幼皇帝太早陷入「酒色迷魂陣」，種下體弱短命的另一個禍因。東漢末年著名政論家、漢獻帝年間在曹操執政團隊裡當過尚書的仲長統，寫過一本評論政治的書叫《昌言》，該書雖已散佚，但當中有一段探討皇室子弟生活的話語，因唐代孫思邈的醫學寶典《千金要方》曾經引用，才得以流傳後世。

這段話指出，由於「資源豐富」，皇室子弟往往還沒成年，就已縱情酒色。早婚、早育加上酒精影響（尤其是酒後發生性行為），導致生下先天不足，甚至低能兒的機率非常高。皇帝早死的惡性循環之下，年幼、體弱、甚至弱智的皇帝遂一再成為外戚、宦官輪流挾持亂政的工具。

司馬光的《資治通鑑》在總結東漢歷史的一段評論（臣光曰），後來被許多國文課本編纂者獨立編輯出來，成為〈論東漢風俗〉一文。司馬光大讚東漢風俗之美，自夏商周以下，史無二例。文曰：「臨雍拜老，橫經問道。自公卿大夫至於郡縣之吏，咸選用經明行修之人，虎賁衛士皆習《孝經》，匈奴子弟亦游太學，是以教立於上，俗成於下。」

但在古代君主專制的社會制度之下，風俗之美若無法影響最高統治階層，不但未見其利，反見其害，東漢與明朝都是例子。一旦擁有極大權力，人類的「本我」惡魔往往就會最大化。皇帝、宦官，甚至外戚莫不如此。這時候，統治集團與士大夫、民間之間的衝突遂不能免。「黨錮之禍」裡范滂、張儉的故事讀起來感人，事實上卻是一齣社會、國家的大悲劇。

悲劇的源頭當然是專制的「家天下」本身，在一波波慘烈的宦官與外戚大亂鬥裡，外戚似乎是受傷較重的一方。原因不難理解，皇帝需要宦官（不然誰來替他做事？）卻不一定需要外戚（多數是被逼接受的）。在殺戮的輪迴中，除了袁紹發動的一波「全多戮」之外，宦官全被殺光的例子並不多。但是每逢外戚集團倒台，往往就是族誅的結局。

事實上，東漢宦官的「生命力」比大家所想的強韌得多。三國時代大名鼎鼎的曹操，曾在「官渡之戰」擊敗士族集團代表袁紹，並且統一北方，最後還由兒子出面篡漢，追尊為魏武帝，他的父親曹嵩，就是歷事四帝、桓帝時官至大長秋[2]的宦官曹騰的養子。太和三年（西元二二九年），魏明帝曹叡追尊高祖父曹騰為「高皇帝」。曹騰因此成為中國歷朝以來，所有皇帝以及追尊的皇帝裡，唯一一名宦官出身者。廣義來說，在東漢這一連串的宦官跟外戚、士族大亂鬥裡，最後獲勝的，仍是宦官。

2 大長秋：負責皇后宮中事務的主管。

唐宋太監大暴走

命根子換槍桿子

唐代宦官與軍人「控」

唐代宦官大明星——高力士

歷朝歷代霸道橫行的宦官裡，權力最大最囂張的，是唐朝的宦官。他們的權力大到可以「操縱廢立」：誰當皇帝，我說了算！主因是他們掌有兵權，這在歷代太監裡是很少見的。因此柏楊版《資治通鑑紀事本末》第二十八冊在記述這段宦官干政歷史時，就把書名叫做《第二次宦官時代》。只不過，由於年代較久遠，加上當時藩鎮割據，戰亂頻繁，局面已經夠壞，宦官專權給人民帶來的衝擊就相對較小，所以唐朝宦官的壞名聲才遠不如明朝的「極惡太監」那麼響亮。

不過，跟明朝一樣，唐朝的「宦官之亂」也是自找的。唐朝初年，唐太宗曾規定宦官不得任三品官職。到了唐玄宗時期，第一個「明星級太監」高力士誕生後，這種情形才開始改變。高力士，本名馮元一，是北燕馮氏後裔，曾祖父馮盎是嶺南（今廣東、廣西、北越一帶）地方領袖。到高力士的父親馮君衡時，因為被人誣陷造反，起兵對抗武則天派遣的討伐軍。馮君衡不但戰死，還被抄家。當時未滿十歲的馮元一被閹割入宮，由宮中女官撫養，學文習武。馮元一有武學天分，射箭百發百中，所以給人起了個稱號「馮力士」。後來，武則天讓內侍省[1]宦官高延福收他為養子，因此改姓高。

高力士
690 — 762 年

李隆基發動「唐隆政變」平定韋后與太平公主之亂時，高力士出「力」甚多，建下不少功勞。李隆基變身唐玄宗後，封高力士為正三品的右監門衛將軍，不過他是以將軍身份被授予三品官位，宦官裡還是沒有三品官。由於獲得玄宗寵信，高力士開始變得不安分。開元末年，他甚至可以先審閱大臣們送來的奏章，小事自己搞

1 內侍省：侍奉皇帝生活起居的機構，官員主要由宦官擔任。

定，大事才呈給玄宗裁決，玄宗甚至說：「力士當上，我寢則穩。」

當時朝中甚至連宰相李林甫與楊國忠都爭相巴結高力士，就算是太子李亨也要喊他一聲「二哥」。他的財產超過王侯，雖國庫亦不能及（民間流傳他在長安修建佛寺鑄鐘時，大宴百官富豪，規定擊鐘一次須納禮錢十萬）。他甚至可以對宰相任免、太子廢立提出意見。然而跟後輩宦官的「青出於藍」比起來，高力士的所作所為，僅是小菜一碟。轉捩點在於「安史之亂」以及後來的「藩鎮之禍」。

太監後浪推前浪——李輔國

唐朝初年不斷開疆闢土，漠北與西域相繼納入中國版圖。為了統治新開闢的疆土以及對外保持進攻態勢，唐朝在邊境設立了十個「藩鎮」。藩鎮的領導人稱為「節度使」。節度使最初只管軍事，後來為了提高軍隊的機動性和戰鬥力，允許他們可以就近徵兵籌餉，於是節度使逐漸掌握了軍區內的財政和行政權力，形成獨立王國。

天寶十四年（七五五年），身兼范陽、河東、平盧三鎮節度使的安祿山，以聲討楊國忠為名，與「平盧節度都知兵馬使」史思明造反，率領十七萬大軍南下，攻陷兩都洛陽、長安，史稱「安史之亂」。這是唐朝國運由盛轉衰的關鍵點，也是宦官開始掌兵的起源，第一個掌兵的太監出現了，他叫李輔國。

話說「安史之亂」事件爆發後，高力士跟著玄宗向西蜀逃亡，途中發生了著名的「馬嵬驛（今陝西省興平市以西）兵變」。在太子李亨、宦官李輔國以及「龍武大將軍」陳玄禮的煽動下，飢餓的士兵們發動譁變，殺了引發「安史之亂」的禍首之一楊國忠後，又將矛頭指向他的堂妹楊貴妃。陳玄禮等請求玄宗將她賜死，玄宗最初不肯，但最後被高力士說服，將楊貴妃領至佛堂自縊。

太子李亨被認為是這次兵變的主謀，讓玄宗大受打擊。接下來父子分道揚鑣，玄宗在陳玄禮的護衛下，一路向南進入四川，李亨則向北重整旗鼓。朔方節度使杜鴻漸把李亨接到靈武（今寧夏回族自治區靈武市西南），在郡城南樓宣布即位，是為唐肅宗，遙尊玄宗為太上皇。當初勸肅宗殺楊國忠、向北發展的人，正是宦官李輔國。肅宗即位後，他自然成了皇帝身邊的紅人。

李輔國，本名李靜忠，後賜名護國，又改為輔國。歷史記載他相貌醜陋，粗通文字，本來是高力士的僕役，四十歲以後開始管理「閒廄」（古代皇家養牲口的地方），後來入侍太子李亨。「安史之亂」使得肅宗深感「藩鎮的禍害」與「自家人掌兵」的重要。當時他最信任的人就是李輔國，毫無懸念之下，擁立有功的李輔國被任命為「天下兵馬大元帥府行軍司馬」，出掌禁軍兵權，首開唐代宦官掌握中央禁軍大權的惡例。從此宦官專權亂政，直到唐亡前夕。

李輔國
704 － 762 年

肅宗對李輔國很好，為他娶了已故吏部侍郎元希聲之姪元擢之女為妻。李輔國後來隨肅宗回到長安，設「察事廳子」，偵察官員活動。太上皇玄宗返回京師後，李輔國懷疑太上皇左右有復辟陰謀，於是在上元元年（七六〇年）逼太上皇遷居西內太極宮，玄宗親信高力士等人則被貶謫或罷官。寶應元年（七六二年），玄宗憂鬱以終。剛好此時肅宗也病危。在他彌留之際，他的妻子張皇后也想效法武則天稱帝，為了消滅李輔國的巨大勢力，她決定先發制人。

張皇后企圖說服監國皇太子李豫誅殺李輔國，李豫沒有答應。張皇后於是又跟越王李係（肅宗第二子）結盟，但這個計畫被宦官程元振知道，他趕緊向李輔國告密。兩人於是挾持太子，發動禁軍攻進長生殿。四月十八日，張皇后、越王李係被殺，肅宗飽受驚嚇之下也駕崩了。李輔國、程元振接著擁立李豫即位，是為唐代宗，代宗因此也成為唐朝第一個完全被宦官擁立登基的皇帝。

「槍桿子出政權」是歷史鐵律。李輔國掌了兵，也就打破了歷代許多宦官只能跟寵信自己的皇帝「同進退」的慣例（皇帝換了人，他尬意的宦官跟著倒台），他一舉變成了「跨皇帝平台」的超級宦官，自此更加囂張跋扈，目無皇帝。他曾經對代宗說：「**大家（皇帝的俗稱）但內裡坐，外事聽老奴處置。**」代宗聽到這種僭越職位的話當然很不爽，決意剷除李輔國。代宗很會「裝孫子」，表面上敬畏有加，尊之為「尚父」，私底下卻跟程元振結盟「倒李」。

寶應元年（七六二年），程元振終於掌握到部分禁軍。接著，代宗以迅雷不及掩耳的手法罷去李輔國所有官職，以程元振代掌「元帥府行軍司馬」，管控全部禁軍。李輔國因為誅殺張皇后有功，代宗不想公開殺他以招來非議，因此暗中派盜賊深夜潛入他的府內將他殺死，割下頭顱扔到廁所裡，砍下的一臂則不知去向。

李輔國被消滅後，輪到程元振上位，獲封「鎮軍大將軍」。廣德元年（七六三年），吐蕃趁「安史之亂」攻占河隴地區（今甘肅省西部），程元振卻知情不報。

同年十月，吐蕃攻到奉天（今陝西乾縣），各路節度使與將軍因為不滿代宗寵信程元振，無人應命出兵勤王，吐蕃軍一度占領首都長安十五天，代宗星夜倉皇出逃陝州。最後有賴宦官魚朝恩率軍救駕，護送他回京。同年十一月，太常博士柳伉向代宗上書，請求殺程元振以謝天下。代宗顧念他的功勞，只下令盡削其官職，放歸故里。後來，程元振在江陵（今湖北省江陵縣）被仇家所殺。

神策軍大頭目——魚朝恩

關於魚朝恩的崛起，有一段曲折而充滿戲劇性的經過。話說當初「安史之亂」起，雖然有郭子儀、河東節度使（總部在山西太原）李光弼兩支勤王「護國神軍」，但肅宗並不信任他們，反而任命魚朝恩為「觀軍容宣慰處置使」，負責監視軍隊。肅宗乾元二年（七五九年），叛軍領袖史思明從范陽率軍救援同志安慶緒（安祿山之子），跟唐軍大戰於安陽河北（今安陽北）。最後把九個節度兵團組成、號稱兵力六十萬的唐軍擊潰。

此役的主要指揮者是不知兵的魚朝恩，但獲肅宗信任的他，把戰敗責任推到郭子儀身上。郭子儀被召還長安，解除兵權，投閒置散。之後朝廷不再立統帥，以李光弼代「朔方節度使」、任天下兵馬副元帥，仍以魚朝恩為「觀軍容宣慰處置使」，監督李光弼等九節度使率軍征討安慶緒。

上元元年（七六〇年）三月，李光弼在邙山（今河南洛陽北）大敗，魚朝恩急急退入陝州（今河南省三門峽市陝州區）。陝州節度使郭英乂手下有一支軍隊叫「神策軍」，是名將哥舒翰於天寶十三年創建，為了防堵吐蕃入侵而設置的戍邊軍隊。後來郭英乂被調入京，這支軍隊遂交給魚朝恩統率。到了上述的廣德元年吐蕃進犯長安事件之時，代宗出逃陝州，原來的禁軍狼狽潰散，魚朝恩便率領「神策軍」前進華陰救駕，並護衛代宗返回長安。從此，魚朝恩更深得代宗寵信，「神策軍」也變身為京師禁衛軍，由魚朝恩全權控制。

魚朝恩
720 － 771 年

甘露之變

威權無敵仇士良

魚朝恩下台一鞠躬

廣德元年是關鍵的一年。這一年安祿山部將田承嗣獻出莫州（今河北省任丘市北鄚州鎮）向朝廷投降，送史朝義（史思明之子）的母親及妻子於唐軍。史朝義率五千騎逃往范陽，他的部下李懷仙又獻范陽投降。史朝義走投無路，於林中自縊，歷時七年又兩個月的「安史之亂」結束。唐王朝基於儘速結束戰爭的考量，招降後讓田承嗣擔任魏博節度使、李懷仙為幽州節度使，之後唐朝便進入了藩鎮割據局面。唐朝中央政府為了加強對地方的控制，於是設置「樞密使」一職，由宦官出任，宦官卻與藩鎮勾結，從此政局愈發不可收拾。

接下來魚朝恩升官發財，星運不斷。永泰二年，他出任「國子監事[1]」，兼鴻臚相[2]等職，封鄭國公。權傾朝野的魚朝恩這下狂了，朝廷若有什麼事沒有先徵求他的意見，他就大發脾氣說：「天下事有不由我乎！」（天下事有不先問過我的嗎？）據說代宗聽了這話很不高興，但仍不動聲色。

魚朝恩有一名養子叫令徽，當年約十五歲，在內侍省擔任小宦官，因為品位較低，按規矩只能穿綠色的官服。有一次，令徽跟同事吵架，回家後向魚朝恩投訴。第二天魚朝恩就帶著令徽見代宗說：「臣子官品低微，常被同僚霸凌，請陛下賜他紫衣。」（官三品以上者才可以穿紫色袍服），等於公開向皇帝要官。代宗還沒來得及開口，就有人趕緊將紫衣拿到令徽面前。他穿上紫衣後跪拜謝恩，代宗才勉強笑著說：「這孩子穿上紫衣，比原來好看多了。」

大曆五年（七七〇年），宰相元載密奏請殺魚朝恩，並以重金賄賂魚朝恩的親信護衛周皓與陝州節度使皇甫溫。三月寒食節，宮裡的宴會結束後，魚朝恩被代宗留下來討論事情，接著代宗就指控他圖謀不軌。魚朝恩正想為自己辯護之際，周皓等人已上前將他擒住，隨後把他絞死，時年四十九歲。

1 國子監事：國子監為中國古代教育體系的最高學府，國子監事即是最高學府校長。

2 鴻臚相：司禮機關，負責朝會和宴饗。

涇原兵變，宦官重見天日

大曆十四年（七七九年）五月初二，宮中傳出代宗重病。五月二十日令皇太子李适監國，當晚，代宗駕崩，傳位李适，是為唐德宗。德宗為了改善財政，採納宰相楊炎建議，廢除租庸調制，頒行兩稅法，執政前期一改代宗姑息藩鎮的弊政，堅決削弱藩鎮割據，加強中央集權。但新手上路，不免舉措失當，往往在消滅舊一波叛變之後，又激起新一波原本忠於朝廷的節度使叛變。

建中四年（七八三）八月，淮西節度使李希烈發兵三萬叛唐，圍攻河南襄城（今河南襄縣）。九月，德宗為解襄城之圍，詔令涇原節度使（轄區在甘肅境內）等各道兵馬救援。十月，涇原節度使姚令言率五千士卒前往長安。當時天寒地凍，士兵又累又餓，希望能得到朝廷的優厚賞賜。士兵們到了滻水（長安附近），德宗命京兆尹[3]王翃犒賞軍隊，但王翃竟然只賞賜粗飯，而且還是餿掉的！士兵因此譁變，進攻長安，連姚令言也「剎不住」。

涇原叛兵擁立早年入朝面聖，卻被軟禁在京的「老長官」——前涇原節度使朱泚為主帥，攻入都城，姚令言被迫依附。德宗帶著皇妃、太子、諸王等，倉皇逃到奉天。朱泚在叛軍的擁護下稱帝，改國號秦。

「涇原兵變」時，長期負責討伐叛軍的朔方節度使李懷光與宰相盧杞有嫌隙，盧杞辯才無礙，但長相十分恐怖，據說「貌陋而色如藍，人皆以鬼視之」。最嚴重的是，他為人狡詐、嫉妒人才，曾陷害過楊炎、顏真卿、李懷光等人。郭子儀見了他之後，曾說：「此人若得志，我們的子孫甭想活了！」

兵變發生後，李懷光彈劾盧杞的罪行。盧杞畏懼之下，在德宗面前挑撥離間，讓德宗懷疑李懷光。李懷光發現皇帝不信任自己，氣憤之下鋌而走險，加入叛軍陣營。直到興元元年（七八四年）七月，名將李晟歷盡艱難險阻，終於擊破朱泚與李懷光的聯軍，德宗才得以重返長安。

德宗執政初期信任文武百官，嚴禁宦官干政，頗有中興氣象。

但「涇原兵變」後，文臣武將相繼叛變。相較之下，宦官忠心護主，兩者形成強烈對比，從此德宗徹底改變過往想法，開始任命宦官為禁軍統帥，宦官監軍也變成制度化。後期的德宗更是變得貪婪自私，經常把國庫稅收撥到自己的小金庫裡。

為彌補中央財政缺口，德宗對全國加稅，導致民怨日深，也把自己的「中興之

3 京兆尹：京師所在地的行政長官，相當於首都市長。

治」搞砸了。唐德宗於貞元二十一年（八〇五年）逝世，終年六十三歲。皇太子李誦即位，改元永貞，是為唐順宗。

一路玩到掛的皇帝們

唐順宗即位後起用王伾、王叔文為翰林學士，並在宰相韋執誼以及韓泰、韓曄、柳宗元、劉禹錫、陳諫、凌准、程異等人支持下，大力改革德宗以來的弊政，貶斥貪官，廢除宮市[4]，停止鹽鐵進錢和地方進奉，並試圖收回宦官兵權，即為「永貞革新」。無奈順宗即位時已經中風，無法言語，詔令皆出於「小老婆」牛昭容之手。同年八月，宦官俱文珍等人自覺權力受到威脅，便勾結部分官僚和藩鎮，逼順宗退位，史稱「永貞內禪」。太子李純接位，是為唐憲宗。順宗在位僅七個月。上述王伾、王叔文、柳宗元、劉禹錫等人皆被貶，這就是「二王八司馬[5]事件」，次年正月，順宗駕崩（一說病死，一說被宦官殺害）。

唐憲宗繼位後，採納宰相杜黃裳之議，決心制裁割據的藩鎮，開展了一系列戰爭。執政次年就討伐了西川節度副使劉闢，並曾短暫終結割據局面，史稱「元和中興」。當時，自任為新夏綏節度使（今陝西地區）的楊惠琳不肯交出兵權，憲宗也出軍討伐，楊惠琳敗死。

由於憲宗的帝位是由宦官擁立，他重用宦官是很自然的事。但他晚年好長生不老之術，愛使用金丹（古代威而鋼），性情暴躁易怒，動輒責罰、鞭笞宮女或左右小宦官，讓他們痛苦不堪。元和十五年（八二〇年）正月二十七日，憲宗暴卒，在位十五年，得年四十二歲。據說，憲宗是被宦官陳弘志與王守澄合謀毒死的。

之後，陳弘志與王守澄聯絡「新

王守澄
生不詳－835年

4 宮市：指德宗後期派遣宦官至民間市場，以低價強購皇室用品的制度。韓愈《順宗實錄》記載：「以宦者為使，抑買人物，稍不如本估（市價）」、「名為『宮市』，而實奪之。」

5 司馬：地方官名，約等於副州長。

策軍右軍中尉」梁守謙、韋元素等擁立憲宗第三子李恆登基，是為唐穆宗。王守澄也因功被封為樞密使。

穆宗愛玩，在位期間「宴樂過多，畋遊無度，不留意天下之務」。又以為藩鎮之禍已平，便下令裁軍，失業的士兵沒了「頭路」，不久河朔三鎮又爆發叛亂。朝廷內宦官權勢日盛，官僚朋黨鬥爭劇烈，讓憲宗時期的「元和中興」局面全部敗光。

穆宗也愛使用含有重金屬的金石藥（為了長生兼壯陽），結果在一次跟宦官玩「擊鞠」（打馬球）時，突然中風，長慶四年（八二四年）正月駕崩，在位僅四年，得年二十八歲。長子李湛繼位，是為唐敬宗。

即位時才十六歲的敬宗跟他老爸一樣，是個「玩咖」，奢侈荒淫，愛打馬球，還有個癖好是喜歡半夜在宮中捉狐狸（打夜狐），一個月上朝不到三次，宦官王守澄把持朝政。敬宗有一群陪他打馬球、捉狐狸的宦官玩伴，這群宦官不但要「陪玩」，還時常被敬宗毆打，其中一人叫做劉克明。寶曆二年（八二六年）十二月初八，敬宗正跟劉克明這些宦官們一起喝酒，醉得不省人事。敬宗半夜起來上廁所時，蠟燭突然熄滅，接著劉克明與同夥就在廁所把皇帝殺了（在位兩年，得年十八歲），後來矯詔命憲宗第六子——絳王李悟領軍國事。翌日絳王即位，但馬上被「樞密使」

王守澄等人率領「神策軍」擊滅，劉克明投井而死。宰相裴度跟王守澄、梁守謙等人擁立敬宗之弟，定江王李昂繼位，是為唐文宗。

甘露之變大反擊

文宗雖然由宦官擁立，但他向來不滿宦官專權。大臣李訓、鄭注知道文宗的心思，支持他密謀誅除宦官。李訓是名門之後，以精通《周易》知名。鄭注因為醫術精湛，獲得名將李愬賞識，李愬又把鄭注介紹給王守澄，王守澄推薦給罹患「風疾」的唐文宗，從此獲得重用。

文宗認為李訓、鄭注二人是由王守澄引薦入朝的，跟他們密謀比較不易引起宦官們的警覺。大和九年（八三五年），文宗用李訓之謀，杖殺了參與殺憲宗一事的宦官陳弘志。接下來，文宗為了贏得王守澄的信賴，先後貶謫了左神策中尉韋元素、樞密使楊承和等人。但隨即發覺，如此一來等於讓王守澄獨攬所有軍政大權，於是又讓素來與王守澄有嫌隙的宦官仇士良擔任左神策中尉，以分化其權，導致王守澄相當不滿。

不久，李訓升任宰相，王守澄被任命為「左右神策軍觀軍容使」，名義上是神策軍的最高職位，但實際上是空有頭銜，實權已被架空。文宗再無後顧之憂，於大和九年十月命宦官李好古帶著毒酒，前往王守澄宅第毒殺他。

沒想到，僅僅一個月後，又爆發了著名的「甘露之變」。

王守澄死後，權勢落入仇士良之手。儘管李訓、鄭注的最終目標是協助文宗消滅專權的「宦官們」，但是革命尚未成功，二人就開始爭功。李訓先是讓鄭注出任鳳翔節度使（今陝西鳳翔縣南），表面上以他作為後援，實際上李訓另有打算：如果消滅宦官計畫成功，下一個目標便是鄭注。

王守澄在鳳翔境內的滻水下葬，原本計畫是皇帝下令眾宦官到滻水參加葬禮。身為鳳翔節度使的鄭注則調動數百名刀斧手埋伏在靈堂現場，等宦官們全部聚在一起時，把門關上，殲滅所有宦官。但是，李訓不想讓鄭注獨得首功，因此暗中招募死士，準備提前行動。

仇士良
781 — 843 年

大和九年十一月二十一日，文宗與百官在紫宸殿早朝，「左金吾衛大將軍」韓約奏稱左金吾仗院（京師警衛軍司令部）後面的石榴樹夜降甘露，是祥瑞之兆。李訓等人勸文宗親自前往觀看。文宗來到含元殿，命宰相及中書、門下兩省官員前去查看，眾人回報並非真的甘露，接著文宗又刻意派「神策軍」首領仇士良、魚志弘等宦官再去確認。李訓等人事先已經暗藏甲兵，準備狙殺。

仇士良抵達左金吾仗院後，見韓約神色驚慌，滿頭大汗，不免心裡起疑，忽然一陣風起，吹起帷幕，仇士良赫然發現帷幕後站滿了甲兵！他火速奪門而出，奔到含元殿劫持文宗。李訓見狀，急呼金吾軍（京師警衛軍）上前護駕，人也追上去拉住轎子不放，卻被宦官郗志打倒在地，沒能阻止眾宦官帶著皇帝逃入宣政殿。

金吾軍及京兆少尹（首都副市長）羅立言所率兵卒三百餘人、御史中丞李孝本所率御史臺部眾兩百餘人雖然殺了少數宦官，卻仍無法抵擋事態走向。

仇士良等人挾持文宗返回內殿後，派出神策軍五百餘人砍殺眾大臣，參加起事的士兵潰散。對「甘露之變」計畫一無所知的宰相王涯出逃後被捕，在刑求下自誣此事為「眾宰相約定謀反，意在改立鄭注為帝」。李訓雖逃出長安，最後仍被捕殺。

「甘露之變」發生時，鄭注正率親兵五百趕赴京城，不久傳出李訓敗死，他倉皇逃回了鳳翔，卻被仇士良密令鳳翔監軍張仲清給誅殺。

文宗被迫承認王涯的供詞。事變後，仇士良大肆屠殺朝廷重臣，除李訓、鄭注外，兩人黨羽上千餘人多被捕殺，宰相舒元輿、王涯、賈餗等人被腰斬。仇士良令百官臨觀，史書對現場的描述是「親屬無問親疏皆死，孩稚無遺，妻女不死者沒為官婢」。宦官田全操甚至揚言：「我入城，凡儒服者，無貴賤當盡殺之！」一部分遇害官員的倖存家屬投奔昭義節度使（轄區在今山西省東南與河北省西南）劉從諫，才暫時躲過一劫。

開成元年（八三六年），劉從諫為王涯等人上書鳴冤，矛頭指向仇士良，嗆聲說：「如奸臣難制，誓以死清君側」。仇士良見有節度使出來干涉，不得不略為收斂，宦官濫殺之風才暫時歇止。但到了會昌三年（八四三年）四月，劉從諫病逝，隔年其繼承人劉稹被殺後，他生前所庇護的倖存家屬，全部遇害。

「甘露之變」是唐代宦官之禍的最高潮。此役讓仇士良一戰成名，成為唐代知名度最高的宦官，不過接下來他還有大動作。

仇士良集團認為文宗事前已知悉李訓、鄭注的陰謀，對文宗當然極為不滿。之後文宗受到宦官更大的壓制，自覺受制於家奴，境遇甚至不如漢獻帝。開成五年

（八四〇年），文宗鬱鬱以終，無子。他原本立敬宗第六子——李成美為皇太子，但仇士良不尬意這個接班人，趁文宗病重之際，矯詔擁立文宗之弟李瀍（唐武宗），同時下令殺「二王一妃」（原太子李成美、文宗弟李溶、文宗的楊賢妃），以絕人望。

一生共殺了「二王一妃四宰相」（李訓、王涯、賈餗、舒元輿），無疑成了仇士良「威權無敵」的最鮮明標誌。

大「宦」滅

唐王朝的最後掙扎與慘烈終結

仇士良的「宦官經」

唐武宗李瀍雖然是仇士良等宦官所立，但很自然的，他跟之前的「被擁立者」一樣痛恨宦官。登基後，他把因「牛李黨爭」被放逐的李黨領袖李德裕召回任宰相。李德裕提出「政歸中書省」等政策，在他執政下，國家漸漸回復元氣，被稱為「會昌中興」。仇士良的權勢遭到壓抑，他因此十分厭惡李德裕。會昌二年（八四二年），武宗正要接受大臣們的封號，並準備登上丹鳳樓宣布全國大赦。有人向仇士良打小報告，說宰相李德裕與度支（全國財政總監）正商議撰寫詔書，要減少禁軍的衣服、糧食以及馬匹所需的草料。

仇士良於是在大庭廣眾之下揚言：「如果真的這樣，宣布大赦當天，軍士們必定會到丹鳳樓前示威抗議！」李德裕知道後，跑到武宗面前鳴冤。武宗見狀，立即派人到左、右神策軍宣布：「我跟宰相只討論大赦令，並沒有提及削減軍馬糧草，頒發大赦令是我的意思，跟宰相無關，你們怎麼可以散布謠言！」仇士良聽到後，感到十分惶恐慚愧。

經過這次事件，仇士良知道情勢已今非昔比。會昌三年（八四三年）五月，他以老病為由申請退休，結束近十年的專政。臨行前，他給前來送行的宦官送上一段名留青史、讓日後許多宦官後輩受用不盡的「金玉良言」：

天子不可令閒暇，暇必觀書，見儒臣，則又納諫，智深慮遠，減玩好，省游幸，吾屬恩且薄而權輕矣。為諸君計，莫若殖財貨，盛鷹馬，日以毬獵聲色蠱其心，極侈靡，使悅不知息，則必斥經術，闇外事，萬機在我，恩澤權力欲焉往哉？（見《新唐書・仇士良列傳》）

這段話大意是說：「不可以讓天子太閒。太閒就會看書、見儒臣、納諫。人變得智慮深遠，不愛玩樂或出外趴趴走，這樣的話，對我們的恩寵就會變薄，我們的權力也會變輕。為了你們自己著想，最好的辦法就是多A點錢，多養鷹馬，讓君主日日夜夜耽溺在聲色犬馬中，樂此不疲。如此一來，他必定排斥經世治國之術，對外面的事霧煞煞，所有重要政務必然落到我們手上，到時候恩澤權力還怕跑掉嗎?」以上這套把人性欲望剖析得入木三分的「御帝術」,多年後被一位後輩發揮得淋漓盡致——明熹宗時代的「極品太監」魏忠賢。

話說回來,同年六月,仇士良卒。次年因為被舉發私藏武器,皇帝下詔削官爵,籍沒其家。會昌五年(八四五年)底,武宗吃了方士丹藥後中毒。病危之際,宦官們為了找個好控制的人當皇帝,把三十七歲的光王李怡立為「皇太叔」,更名李忱,成為新的皇位繼承人。

裝傻裝到出頭天的小太宗

會昌六年三月,李忱登基,是為唐宣宗。他是憲宗第十三子,論輩分,他是敬、文、武宗的皇叔,論年齡卻比敬宗和文宗還小一歲。他是唐代唯一以「皇太叔」身分即位的皇帝,也是晚唐順宗以後的十二帝裡,壽命最長的一位(享年五十歲)。

宣宗的母親原是叛軍領袖的小妾。叛亂平定後被憲宗納入宮中,後來生下李忱。由於出身卑微,李忱經常成為皇族子弟取笑和捉弄的對象。為了躲避霸淩,他從小寡言,因此被貼上「白癡」的標籤。正因為這一點,宦官才認為他比較「好控制」。但即位後,李忱完全換了一個人——變得剛毅果斷,這時大家才恍然大悟,原來他以前一直在裝傻！

宣宗即位後大力改善中唐後遺留下來的種種問題。為徹底結束纏鬥多年的「牛李黨爭」，他把李德裕遠貶到崖州（今海南島），重新整頓吏治，限制皇族與宦官的權力；減少賦稅，注重人才選拔。對外，宣宗擊敗吐蕃、回紇，收復「安史之亂」後被吐蕃占領的大片失地，百姓日漸富裕，使本已衰敗的朝政呈現出「中興」局面。因此，史家對唐宣宗評價極高，認為他是跟文景之治的漢文帝和貞觀之治的唐太宗一樣的明君，歷史上把此一時期稱為「大中之治」。《資治通鑑》說：「宣宗性明察沉斷，用法無私，從諫如流，重惜官賞，恭謹節儉，惠愛民物，故大中之政，訖於唐亡，人思詠之，謂之小太宗。」

有一件小事充分反映出宣宗驚人的自制力和狠勁。當時有江南地方官員進貢一批顏值很高的歌舞伎。初時宣宗十分喜歡，數天後卻為之憂慮了。他認為唐玄宗寵楊貴妃導致「安史之亂」，這個慘痛教訓不能忘，於是要求把這個「歌舞團」解散。左右大臣說：「可以把她們遣送出宮。」宣宗猶豫了一會後，卻說：「把她們送回去後，我必然十分想念，最好還是賜給她們毒酒吧！」他處事手法之絕，讓人不寒而慄。

不過，宣宗可以參透色相，卻參不透生死。大中十三年（八五九年），由於長期服用追求長生不死的丹藥，最後終於病發，連續一個多月無法上朝，同年八月駕崩。由於他對立儲一事十分忌諱，曾有兩位宰相都因建議立太子而遭罷黜，之後朝廷無人敢再提立儲，因此自始至終未立太子。「左神策軍護軍中尉」王宗實遂矯詔立長子李漼，是為唐懿宗，改元「咸通」。

根據史書描述，十七歲繼位的懿宗「器度沉厚，形貌瑰偉，洞曉音律，猶如天縱」。由此看來，他的顏值和資質是很優的。然而即位後他卻遊宴無度、沉迷酒色，導致政治腐敗，藩鎮割據再起。他崇信佛法，咸通十四年春（八七三年），不顧大臣反對，舉行最大規模的「迎佛骨」活動，宣宗中興的成果被他消耗殆盡。當時翰林學士劉允章曾上《直諫書》，用「國有九破」來描繪當時的局勢：「終年聚兵，一破也。蠻夷熾興，二破也。權豪奢僭，三破也。大將不朝，四破也。廣造佛寺，五破也。賂賄公行，六破也。長吏殘暴，七破也。賦役不等，八破也。食祿人多，輸稅人少，九破也。」

此時大唐已無可救藥，大動亂正在醞釀，賦稅刻薄，百姓無法過活，更出現人吃人慘劇。吃不飽的人民無路可走，只好起義。李唐王朝傾頹之勢不可逆轉。懿宗在位十四年崩，終年四十一歲。同年，在他危病之際，神策軍左軍中尉劉行深、右軍中尉韓文約共謀立懿宗第五子、年僅十二歲的李儇為帝，是為唐僖宗。

恣在年少的小皇帝僖宗，同樣一心只想到玩，終日沉迷於遊樂嬉戲、鬥鵝擊球。政事全交給宦官田令孜處理，吏治腐敗，民不聊生。終於在乾符二年（八七五年）爆發了席捲全國的的王仙芝、黃巢大起義，風雨飄搖的唐王朝自「安史之亂」後，苟延殘喘了一百多年，至此敲響了末日警鐘。

唐朝宦官大結局

廣明元年（八八〇年）十一月，黃巢軍攻下洛陽。十二月，占領長安，改國號齊。田令孜率五百「神策軍」帶僖宗自長安逃入四川，同時召沙陀族人李克用即刻救援。李克用在梁田陂（今陝西華縣西南）擊敗黃巢軍，使其退出關中。中和二年（八八二年）黃巢部將朱溫降唐，賜名朱全忠。中和四年，黃巢在山東泰安的虎狼谷自殺（一說為部下林言所殺）。光啟四年（八八八年）二月，僖宗返回長安，宣布大赦，改元「文德」。他是唐代皇帝裡流亡最久的，在位十五年裡有八年不在京師。但他回到長安後，只過一個月就駕崩了，得年二十七歲。

唐朝國運已接近尾聲。當時掌權的宦官楊復恭矯詔立僖宗之弟、二十二歲的李曄為帝，是為昭宗。為宦官所立的昭宗不甘心受他們控制，史載昭宗「體貌明粹，有英氣，喜文學，有恢復前烈之志氣」。即位後他立志除患，驅逐了楊復恭。但此時大唐外有強藩，內有宦官，他始終無法力挽狂瀾。光化三年（九〇〇年）十一月，昭宗醉後殺了幾個宦官、侍女，引起宦官劉季述的疑懼，便夥同王仲先等人以「廢昏立明」為由，發動宮廷政變，廢黜昭宗，立其子李裕為帝。但宰相崔胤接著發動「反政變」，暗中說服左神策軍指揮使孫德昭，在天復元年（九〇一年）發兵擊敗劉季述，一黨二十餘人被誅，昭宗復位。

崔胤棒下不留情，同時密召「宣武軍節度使」（轄地在今河南省東部）朱全忠誅殺宦官。韓文約的養子、右神策軍護軍中尉韓全誨得知消息後，將昭宗劫持到盟友「鳳翔節度使」李茂貞處，遂招來朱全忠的圍攻。天復三年（九〇三年），李茂貞被逼求和，交出昭宗，並殺了韓全誨。朱全忠迎昭宗回長安途中，昭宗假裝鞋帶鬆脫，對朱全忠說：「為吾繫鞋。」朱全忠只得跪下為昭宗綁鞋帶。這時昭宗打暗號給左右，要擒朱全忠而殺之，然而竟沒有一個人敢動手！

李唐政權至此已名存實亡。擊敗李茂貞、控制著昭宗的朱全忠成了最大的藩鎮，他由此起了異心。天復三年，為了滅唐稱帝，他殺盡宮裡所有宦官五千餘人，同時逼昭宗下令——派駐在各軍區擔任監軍的宦官，一律就地處決（不過各地藩鎮並未徹底執行）。唐朝宦官之禍，至此慘烈終結。

宰相崔胤覺察到朱全忠的異心，想募兵對抗。朱全忠先逼迫昭宗罷免他，接著將他殺死。天祐元年（九〇四年）正月，朱全忠不顧大臣反對，遷都洛陽。太原軍李克用、鳳翔軍李茂貞、西川軍王建等各藩鎮聲稱要起兵勤王，跟朱全忠對幹。朱全忠擔心昭宗不好控制，決意弒君另立幼主。八月十一日夜，他派左龍武統軍朱友恭率兵百人弒帝。昭宗在位十六年，得年三十八歲，一輩子始終是藩鎮手中的傀儡。

昭宗死後，他的第九子李柷被擁立，是為唐哀帝。天祐四年（九〇七年）。朱全忠篡唐，改國號梁，唐亡，中國進入「五代十國」時代。

相對於大唐盛世的帝國威嚴，中晚唐的殘破不堪格外讓人唏噓。無奈，這都是皇帝自找的。當初為了因應帝國擴張，創設了藩鎮。安史之亂後，為了防範權臣（如郭子儀）造反，又把兵權交給了他們認為沒有「本錢」造反的宦官，結果讓後面好多個皇帝活得毫無尊嚴。

掌握兵權的宦官，有如拿到一枚「魔戒」，讓他們嘗到了權力的滋味，但隨著

「魔戒」而來的，卻往往是「死亡之吻」。在朝廷掌有「操縱廢立」大權的宦官，唯一不能控制的，卻是自己的退場與生死。最後，自東漢袁紹之後，終於引爆了另一次大規模的屠殺宦官事件。害人，也害了自己。

其實，封建社會朝代興替無法避免，如果早一點讓一個有能力的權臣以「不流血政變」的方式把唐朝篡了，接下來的政治、社會局面或許會好一點。但當時的皇帝不會這樣想，只能苟延殘喘，拖到流寇出身、水平不高的朱全忠篡奪唐朝政權，接下來又引發大分裂、大亂鬥的「五代十國」時代。唐朝的退場，是一個全盤皆輸，沒有人是贏家的結局。

長得好看很重要

童貫的「美麗人生」

宋朝宦官很「收斂」？

幾乎歷朝歷代都有宦官亂政的例子，國祚越長，相對的禍亂也越大。然而歷來所有超過兩百年的大朝代裡，宋朝的宦官之禍卻小得多。最嚴重的一次發生在北宋末年。但僅此一次，就要了北宋的命。這個「要命的太監」，《水滸》迷們很熟悉，他的名字叫童貫。

宋朝的宦官為什麼這麼「安靜」呢？這當然不是因為他們基因突變，天生比較善良。大家都知道，所謂「歷史的功用」，就是鑑往知來，記取教訓。有鑑於唐朝「宦官大爆發」血淋淋的前車之鑑，宋代多數君主都是「心驚驚」不敢忘記。

宋代立國之初，太祖趙匡胤對太監就設下很多限制。到了他的弟弟宋太宗趙光義，手法就更徹底了。他寫過一本類似「行為準則」的手冊，上面清楚列明宦官「應該做什麼」、以及「不該做什麼」的指令，大小宦官得一律遵循。白紙黑字，宦官「玩花樣」的空間就被大大限制了。再者，宋朝宰相的權力變得前所未有的巨大，讓宦官干政產生很大的難度。

宋朝政府「重文輕武」。開國者太祖、太宗是強人治國，可以完全掌控朝政，但第三位皇帝宋真宗趙恆即位以後，情況出現重大轉變。宋真宗不是政治強人出身，能力也有限，不得不依賴宰相的大力幫忙，所以從真宗時期開始，宋朝相權空前的擴大。

再者，宋朝的皇宮是歷來「大朝代」裡規模最小的。皇宮規模小，服務人員自然不需要太多，所以宋朝宦官數目比之前所有大朝代都來得少。太祖趙匡胤時期，宮中只有一百三十多名宦官；即使到了「大玩咖」宋徽宗時期，宮中的宦官也不過七百多人。這跟明、清時

童貫
1054 － 1126 年

期動輒成千上萬的數量，形成了強烈對比。宦官人數少，能惡搞的機會也就相對不多了。不過，北宋唯一的「破壞王」宦官童貫，卻把北宋破壞得徹徹底底。

大器晚成的童貫

童貫，字道夫，開封（今河南省開封）人。在中國歷史的宦官中，他是帶兵最久（長達二十年），也是第一個出使外國的太監（以副使身分），還獲有最高爵位——曾獲封為「王」（廣陽郡王）。

童貫其實出道很晚，據說二十多歲才淨身，所以成為少數有鬍子的太監。《宋史》描述童貫「狀魁梧，偉觀視，頤下生鬚十數，皮骨勁如鐵，不類閹人。」意思就是他的外表長得很優，高大威猛，跟傳統印象中陰陽怪氣的太監很不一樣。這也是他日後發達的有利條件。加上他生性巧媚，善於奉承，有度量、能疏財，積極攏絡後宮嬪妃，不時施以恩惠，所以甚得妃子宮女們的歡心。這些都是造成他日後晉升「人生勝利組」的重要原因。

童貫大約是在哲宗後期入宮，最初拜在同鄉前輩宦官李憲門下。李憲曾在西北邊境擔任多年監軍，童貫跟著他數次深入西北，從此跟軍事結下不解之緣。但哲宗、神宗時期他一直無法「出位」，直到二十多年後，他的「知己」趙佶當了皇帝，機會終於來了。

宋徽宗趙佶登基時，童貫已經四十八歲。徽宗以「內廷供奉官」的名義，派童貫到杭州設「明金局」，搜羅珍玩字畫。內廷供奉官相當於皇宮的採購供應處長，位階不高，油水卻很多。然而眼光長遠的童貫並未貪戀眼前好處，盡心辦好差事，頗獲徽宗欣賞。

更重要的是，出差期間他在杭州認識了被罷相賦閒的蔡京。跟以「瘦金體」知名的徽宗一樣，蔡京也是書法大行家。後世有「宋代書法四大家——蘇黃米蔡」之說，前三人分別是蘇軾、黃庭堅、米芾。第四個就是蔡京了（另一說是蔡襄）。落難不得志的蔡京極力巴結童貫，兩人意氣相投，結為莫逆。每次蔡京有什麼新作品，無論書寫的是屏風、床幛，或是扇面，童貫都會特地派人送到京城，還附上書信，說蔡京對朝廷很忠心。宋徽宗很欣賞蔡京的書法，非但重新起用了他，崇寧二年（一一〇三年）正月，更讓他擔任尚書右僕射[1]。

蔡京投桃報李，在徽宗面前吹捧童貫，說他曾十次出使陝右，熟悉當地的地理民情和駐軍將領情況，極力推薦他擔任監軍出征西夏，攻取青唐地區（北宋跟吐蕃、西夏接壤處，今甘肅地區）。西夏王朝是具鮮卑血統的古羌人党項族所創，占據黃河中上游，人民以党項族為主（同時包括漢族、回紇族與吐蕃族）。宋神宗時期，王安石變法即建議收復青唐地區，以震懾西夏和吐蕃。崇寧二年六月，徽宗命王厚為統帥、童貫任監軍，合兵十萬攻取青唐。

宋軍抵達湟川（今青海省）時，京城的太乙宮竟然失火，徽宗認為這是天譴，出師將不利，當即手諭童貫停止進兵。童貫接諭後心頭一震，但仍不動聲色，只將諭旨收進靴裡。王厚問他什麼回事，童貫十分鎮定，輕描淡寫的說：「主上預祝臣等早日成功。」最後，王厚與高永年等將士們同心協力，終於收復隴西等四州，但得到最大好處的卻是蔡京與童貫。蔡京被授為司空[2]，封嘉國公，童貫封「景福殿使」兼「襄州觀察使」。太監一人身兼兩使，這樣的殊榮，就是從童貫開始的。

宣和元年（一一一九年）三月，童貫命「熙河經略使」劉法率兵攻取西夏興州、

1 尚書右僕射：尚書僕射為秦所置，原為副官；漢獻帝時置左、右僕射，後權位漸重。唐宋時期已成為最高階宰相，正一品。

2 司空：三公之一，主管水土營建。

靈州，預備置西夏人於死地。劉法則認為時機尚未成熟，不宜深入西夏心臟地區，於是不願冒險進兵。童貫卻逼他說：「你在京師時，親受王命，自言必成功，如今卻認為很難，為什麼？」劉法不得已只好率兵二萬出征，至統安城（今青海互助土族自治縣附近）遇到西夏國主之弟察哥郎君設下的埋伏。劉法陷入重圍，激戰一天，士卒死亡過半，只得殺出血路，最後不幸被喬裝成商人的西夏士兵殺死。

劉法是西州名將，他的陣亡重創了宋軍士氣，西夏軍乘勝追擊，血洗震武城而去。童貫為了逃避罪責，竟謊報軍情，連夜送捷報往朝廷。表面上，文武百官上朝稱賀，私下卻有不少人都切齒咒罵，但沒有一個人敢出來揭穿童貫的騙局。然而，西夏支撐不了長期作戰，時至四月，童貫又派兵大破夏人，平其三城。當時剛好碰上宋、金合謀攻遼，因此允許西夏納款議和，詔令六路罷兵。自此宋朝把注意力集中在遼，而西夏國力也開始走下坡。

功打方臘升太師

這時候的北宋不但面臨外憂，還爆發內患。宣和二年（一一二〇年）十月，信奉摩尼教的睦州清溪（今浙江淳安）人方臘在浙東領導農民起義，警報傳至京師時，朝廷正準備北伐，宰相王黼匿報不上奏，放任叛亂如星火燎原，依附者日眾。江浙一帶六州、五十二縣均被起義軍占領，東南大震。

宣和三年，淮南大盜宋江以三十六人橫行齊魏（今山東、河南），官軍數萬無敢抗者。宋江等人後來轉戰至海州（今浙江省境內），被知州[3]張叔夜擊敗，副帥被擒，宋江投降。讀過一百二十回本《水滸傳》的讀者都曉得，該書後四十回說的是「征四寇」的故事。前三寇分別是遼、田虎、王慶。最後一寇，就是方臘。南宋孝宗時王稱所著《東都事略》提到，戶部尚書侯蒙曾向徽宗建議招降宋江一夥，讓他們去打方臘，將功贖罪。

南宋高宗時期徐夢莘的《三朝北盟會編》引述《中興姓氏奸邪錄》記載：「宣和二年，方臘反睦州，東南震動。帝得疏，始大驚。以（童）貫為江浙宣撫使，領劉延慶、劉光世、辛興宗、宋江等軍二十餘萬往討之。」又引《林泉野記》：「方臘反於睦州，光世別將一軍，自饒趨衢、婺，出賊不意，戰多捷……臘敗走，入清溪洞。光世遣諜察知其要險難易，與楊可世遣宋江並進，擒其偽將相，送闕下。」

3 知州：宋代以後，州的行政長官。

但《中興姓氏奸邪錄》與《林泉野記》等書都被認為是野史，算不得準。《宋史》裡並無宋江參與平定方臘的記載，兩夥「起義軍」是否交過手，目前仍有爭議。

方臘起義，跟《水滸傳》裡所說的「花石綱」事件有關。徽宗在江浙設置「應奉局」置辦花石綱，專門在民間搜羅奇花異石。「綱」意指運輸船隊，所到之處，大肆破壞人民的房子，老百姓苦不堪言。於是方臘振臂一呼，十天之間聚眾數萬，起義烽火迅速蔓延。徽宗知情後，急忙派遣童貫、譚稹為宣撫制置使，率領禁兵及秦、晉十五萬大軍征剿。臨行前，徽宗賦予童貫臨機處置大權，並下詔罷去應奉局，以解民怨。

宣和三年正月，方臘部將方七佛引兵六萬攻打秀州（今浙江省嘉興市）。秀州統軍王子武據守城池，眼看就要攻下，忽然官兵援軍趕到，內外夾擊，斬首九千，方臘軍傷亡慘重，退守杭州。二月，宋軍包圍杭州，方臘軍苦戰後因糧盡援絕，被迫退出杭州。

四月初二，官軍攻下衢州（今衢州市），摩尼教主鄭魔王被俘。此時方臘殘軍號稱尚有二十萬，主帥逃進幫源洞，官兵不敢深入。四月二十四日，官軍發動總攻擊，副將韓世忠潛行溪谷，向婦人問得祕道，直搗幫源洞，生擒方臘，但被忠州防禦使辛興宗領兵截住洞口，掠為己功。

明朝陳邦瞻所編的《宋史紀事本末》記載：「所掠婦女自賊洞逃出，裸而（自）縊於林中者，相望百餘里。」這個畫面十分駭人。可能是「農民起義」與「宗教自由」這兩塊政治正確的招牌太沉重，在金庸小說《倚天屠龍記》裡，方臘是被吹捧的對象，甚至被捧為「明教教主」。但如果《宋史紀事本末》的記述為真，那麼許多所謂的「起義軍」，他們的軍紀和道德感是相當有問題的。

方臘與他的宰相方肥等五十二人被俘。七月，童貫把方臘押送往首都汴京，八月二十四日處刑。方臘之亂攻破六州、五十二縣，受害人民多達兩百萬。因為此役，童貫加遷太師，封楚國公。

滅遼抗金，童貫與北宋的末路

如果說童貫對西夏的戰事是勝負參半，而鎮壓方臘是大獲全勝，那麼他對遼、金的戰爭則可謂一敗塗地。

早在政和元年（一一一一年），徽宗便曾命令他出使遼。消息傳出，朝廷上下議論紛紛。有人說：「以宦官為使者，國家沒有人了嗎？」徽宗解釋說：「遼主聽說童貫破羌（西夏）有功，很想見見他。我也想派他去探聽遼的虛實，這是個很好的決定。」童貫在出使期間策反了遼的光祿卿（掌理宮內膳食的官）馬植，密謀收復燕雲十六州。馬植後來化名趙良嗣潛入北宋，獻「聯金抗遼」之策。

童貫出使歸來後更紅了，不僅參與朝政決策，還掌有兵權。政和元年十二月，徽宗任童貫為太尉，兼陝西、河南、河北宣撫使，領樞密院，位至使相。時人稱蔡京為「公相」，童貫則為「媼相」，其實是諷刺以宦官為宰相這檔荒唐事。

到了宣和二年（一一二〇年），宋、金兩國結成「海上之盟」（因為需透過海路往來，故名），協議金攻取遼的中京大定府（今內蒙古自治區），宋攻取遼的南京析津府（即後來的燕京）。事成之後，燕雲十六州（今北京、天津全境，及山西、河北北部）歸宋。宋把本來送給遼的歲幣轉送給金，而遼的其餘國土亦歸金。當時已有人指出，平燕之議成立之時，即是宋、金邊釁開啟之日，宋徽宗卻聽不進這種意見。宣和四年（一一二二年），金兵攻破遼中京，天祚帝耶律延禧出走，遼國亡。

同年三月，宋朝依金人之約，命童貫為河北、河東宣撫使，率軍二十萬北伐燕京。由於指揮不當，遭遇遼軍頑強抵抗後，大敗而回，此役嚴重暴露出宋軍的腐化，為後來的「靖康之難」埋下伏筆。童貫吞敗後，未能實現宋金協議，無法向朝廷交代，他只好祕密派遣趙良嗣到金營，請金兵合攻燕京。金兵果然一舉攻下燕京，大掠過後，留下一座空城給宋，還要求一百萬貫的贖城費。童貫不以為恥，反而大肆吹噓這是「不世之功」，凱旋班師。

宣和七年（一一二五年）六月，宋徽宗依神宗遺訓「能復全燕之境者，賜以王爵」，封童貫為「廣陽郡王」（廣陽即燕京），成為史上第一個封王的太監。

遼的威脅解除了，但金的威脅更加嚴重。金朝看透了北宋的虛弱，滅遼之後，即準備揮兵南下攻宋。同年十一月，金兵分兩路大舉南侵，一路取燕京，一路取太原。金兵派使者持書來到太原宋營，勸宣撫使童貫迅速割讓遼東、河北之地，金即退兵。儘管童貫聽了氣炸，仍選擇置國家安危於不顧，逃回了開封。面臨金兵大軍壓境，氣急敗壞的宋徽宗趕忙傳位給太子趙桓，是為欽宗。欽宗下詔親征，命童貫為東京留守，靖康元年（一一二六年）正月初三，聽說金兵已渡過黃河，進圍北宋都城，徽宗嚇得連夜帶著蔡京父子和幾名宦官東逃，一口氣逃到了泗州（今江蘇省盱眙縣）。

童貫也不落人後，竟拋下欽宗交付的「東京留守」不顧，帶著從西邊私募的一萬多「勝捷軍」，打著護駕的旗號，追著徽宗一起跑了。過黃河浮橋時，由於人多橋窄，擁擠不堪，童貫怕時間拖久了會被金兵追及，竟然命令他的勝捷軍用箭射向橋上的徽宗衛隊，百多名衛士中箭落入黃河，哭聲不斷。

後來宋、金議和，金人退兵。童貫的卑劣行徑激起滿朝文武的憤怒，上下一片罵聲。以陳東為首的太學生連連上書，聲討蔡京、童貫等「六賊」禍國殃民的罪行。陳東說：「今日之事，蔡京壞亂於前，梁師成陰謀於後，李邦彥結怨於西北，朱勔結怨於東南，王黼、童貫又結怨於遼、金，創開邊釁。宜誅六賊，傳首四方，以謝天下。」

為了平息眾怒，欽宗貶童貫、蔡京，並將兩人流放（蔡京後來在流放途中死於潭州），但仍然平息不了民憤。在強大輿論壓力下，欽宗決心除掉童貫。靖康元年七月，他下詔一一歷數童貫的十大罪狀，向監察御史張澄下達「絕命追殺令」，追斬童貫。

張澄派一京官[4]先行，終於在南雄（今屬廣東）追上。京官對童貫說：「聖旨將到，賜你茶藥，要召你回京任河北宣撫使。我先向你道賀，明天中使[5]便到。」童貫起初半信半疑，京官接著說：「如今朝廷將帥皆晚輩，難擔當重任，聖上以為只有你德高望重，能主邊事。」童貫心中得意：「朝廷還是不能沒有我！」次日張澄趕到，宣讀聖旨要將他就地正法，童貫一聽，嚇得魂都沒了。手起刀落之下，童貫首級落地，並帶回京城懸首示眾。

靖康二年（一一二七年），就在童貫伏法不久後，金兵再度南下，攻破開封，擄走徽、欽二帝，開封一百六十多年來的財寶幾乎被劫掠一空，北宋亡。

中國四大小說之一的《水滸傳》裡描述，北宋朝廷中的「四大惡人」依次是高俅、蔡京、童貫、楊戩（宦官）。但在歷史上，身為禁軍統帥，位至太尉的高俅，露臉的篇幅卻不多。顯示小說中的壞蛋，跟史實中的「巨星級」壞蛋，在等級上是有差別的。

蔡京、童貫在民間的印象中相當惡劣，當時曾流傳著這樣的歌謠：「打破筒（童貫），潑了菜（蔡京），便是人間好世界。」蔡京、王黼、童貫、朱勔、李邦彥、梁師成六人，更因亂權貪汙，被時人稱為「六賊」。民間都知道他們的奸惡，偏偏，皇帝本人不知道。

4 京官：即在朝廷中央任職的官員。
5 中使：皇帝派出的使者，多為宦官擔任。

童貫的故事驗證了心理學家近年發表的一項實驗結果——在職場上，外表優的人更容易成功。充滿藝術家氣質的宋徽宗，吃外貌這一套是很自然的事。事實上，中國歷朝歷代大奸大惡的人裡，有相當多都是外表很優，或是很有才華的（所以他們才會成功），只是被許多人故意忽略了。

童貫、蔡京何其有幸（比許多嫁入豪門的美眉更有幸），遇到懂得「欣賞」他們的老闆。只不過，外表、才華跟執政能力往往與道德不成正比。於是，皇帝樂了，百姓與國家卻苦了。

明朝太監時代來臨

太監特務

朱元璋的通天帝國

太監的大局

棒球比賽中，當進攻方在某一局裡攻下很多分時，這一局就被稱為「大局」。明朝，就是太監的大局，強棒輩出，形成一個前所未有的「太監黃金時代」。究其原因，其實從明太祖朱元璋立國時就已經埋下了。

朱元璋雖然沒有受過多少正規教育，但自學成功的他，還是很有見識。明代初年，對宦官的限制非常嚴格。《昭代典則》記載，洪武二年（一三六九年）八月，朱元璋在確定內侍官制時，曾詔諭吏部：「朕觀《周禮》，閹寺不及百人，後世多至數千，卒為大患。今雖未能復古，亦當為防微之計。此輩所事，不過供灑掃，給使令而已。若求善良，百無一二。用為耳目，即耳目蔽；用為心腹，即心腹病。馭之之道，但當使之畏法，不可使之有功。有功則驕恣，畏法則檢束，自不為非也。」

從「若求善良，百無一二。用為耳目，即耳目蔽；用為心腹，即心腹病」等語可見，朱元璋深知，以宦官當耳目的禍害很深，甚至會反被蒙蔽。他對「宦官干政」更是反感，《明會要》記述，洪武十年（一三七七年）五月，一個在宮裡待了頗久的太監偶然「談及政治」，立即遭朱元璋遣送回鄉，終身不得敘用。他也曾經訓示群臣：「閹寺之人，朝夕左右，其小忠小信，足以固結君心。及其久也，假威竊權，勢遂至於不可抑。自古以此輩亂者多矣。朕立法，寺人不許預政事，今決去之，所以懲將來也。」接著又規定太監不許讀書識字。洪武十七年，特鑄一個鐵牌，上面刻著：「內臣不得干預政事，犯者斬」，置於宮門之中（這塊鐵牌後來在英宗時被太監王振拆去）。自古以來，對宦官的禁制，從未有明太祖如此嚴備。然而，一個人所知道的，跟一個人最後所做的，往往是兩回事。

大陸學者丁易有一本代表作叫《明代特務政治》。這本書原來的目的是要諷刺蔣介石的特務統治，因為寫得很好，反而成為許多學者研究明代歷史的重要參考。丁易指出，明代特務特別「發達」，是因為朱元璋把他的帝國打造成一個最徹底的中央集權國家。洪武十三年時，更以宰相胡惟庸造反為藉口，廢除宰相之職，將權力分散六部，由皇帝直接指揮。皇帝於是成了實質上的CEO。

然而就算是朱元璋這樣的工作狂，一個人畢竟精力有限，必然無法面面俱到。加上他懷疑有人會工作不認真、搗蛋、甚至造反，以及需要「了解民情」，所以必須找一些可以信任的人來監視員工與人民。於是，他想到了太監。他認為太監是最沒有野心和條件造反的，因為他們沒有兒子！況且大多數朝臣也瞧不起太監，雙方合謀造反的機會就不高。

解讀太監特務機關

明代的「太監特務機關」分為地方、派遣和中央。派駐在地方上的「特務太監」人數最多，各省各地都有，主要工作是偵察地方官員和「體察民情」。「派遣工」太監則是業務最廣泛，派去監督軍隊的稱「軍監」，派去收稅的叫「稅監」，他們也都負有偵察任務。

最重要的中央太監機關，是指錦衣衛、東廠和短暫的西廠、內行廠，合稱「廠衛」。錦衣衛成立於洪武十五年（西元一三八二年），是皇帝的私人衛隊，同時負有偵察官民的任務。機構領導人是指揮使，本來是所有特務機關裡唯一不交由太監領導的，下轄十七個千戶所，由皇帝親信的勳戚都督統領。錦衣衛之下設北鎮撫司，專門管理詔獄。詔獄是指皇帝親自處理的重大刑獄，不受三法司[1]節制，明朝人稱之為「人主私刑」。但明中葉以後，錦衣衛常由司禮監太監出任，所以廠衛相結，構成獨立而完整的司法監察系統。

「靖難之變」時，燕王朱棣從建文帝身邊的太監獲得許多重要情報。他即位後（即明成祖），於永樂十八年（西元一四二〇年）在東安門北設置「東廠」，以最寵信的秉筆太監（或掌印太監）兼任，領導者稱提督，主要業務是緝訪謀逆、妖言、大奸惡等罪行。下設掌刑千戶、理刑百戶、掌班、領班、司房等，統領檔頭百餘名，番役千餘名，皆由錦衣衛調撥。檔頭、番役在外偵伺訪查，上至官府下至民間，都有他們的蹤跡。偵察對象除了官民之外，甚至包括錦衣衛。之後又設置西廠和內行廠，但都不如東廠長久。東廠成了特務機關的「領頭羊」。

中國歷史上，明朝宦官機構之龐大、設置之完備，可謂空前絕後，足以匹敵任何一個官僚制度。洪武晚年，太祖重新整頓宦官機構，定十二監及各司局，制定宦官的品秩和待遇。《明史．宦官傳序》說：「明太祖既定江左，鑑前代之失，置宦

1 三法司：指刑部、都察院、大理寺。

者不及百人。迨末年頒《祖訓》，乃定為十有二監及各司局，稍稱備員矣。然定制，不得兼外臣文武銜，不得御外臣冠服，官無過四品，月米一石，衣食於內庭。」

後來宦官設置不斷增多，遂有「十二監、四司、八局」之設，合稱「二十四衙門」。十二監指司禮監、內官監、御用監、司設監、御馬監、尚膳監、尚寶監、印綬監、直殿監、尚衣監、都知監、神宮監。四司是惜薪司、鐘鼓司、寶鈔司、混堂司。八局是兵仗局、銀作局、巾帽局、針工局、內織染局、酒醋麵局、司苑局、浣衣局。

當中，司禮監主管皇帝文書、印璽、宮內禮儀等業務，最為重要，是「十二監」之首，具內廷中的最大權力，有時甚至可以跟內閣首輔匹敵。明代所有的「極惡太監」，全都來自這裡。司禮監又以「掌印太監」為首，下設「秉筆太監」數人，首席秉筆主管東廠、詔獄等特務刑訊機構。明宣宗以後，為了限制內閣票擬權，司禮監以紅筆替皇帝批示內閣票擬，稱為「批紅」，代傳皇帝的命令則叫「中旨」。

這裡問題就來了，皇帝用太監來處理政府公文和批閱大臣的奏章，但明太祖規定「太監不許讀書識字」。這如何是好？雖然說，太監可找識字的人幫忙，但終究不方便。宣德四年（西元一四二九年），明宣宗下令在宮中設內書堂，命大學士陳山教宦官讀書，太祖不許內臣讀書識字的制度就這麼被廢除了。從此，宦官既握有皇帝賦予的最高權力，又學會讀書識字，作惡起來更是如虎添翼，威懾朝臣，權傾內外。

當自宮成為一股風潮

由於太監是窮人翻身的重要途徑，往往一人得寵，整個家族都升天，因此引發不少激進人士爭相自宮，甚至曾發生一個村子裡自宮者多達數百人的奇聞！明朝中葉有一次招收太監，初定名額是一千五百人，蜂擁而來報名的卻多達兩萬餘人，只好將名額擴大到四千五百人，還是不免有一萬多人落選。明朝人沈德符《萬曆野獲編補遺》記載，正德二年（西元一五〇七年）九月，明武宗曾嚴令禁止私下自宮，有潛留京師者論死。但嚇阻效果似乎不大，嘉靖、隆慶以後，自宮的人還越來越多。

明朝究竟有多少太監呢？《劍橋中國明代史》記載，憲宗成化年間，有官員抱怨宦官人數超過一萬人。神宗萬曆時期，曾分批吸收新宦官達三千人之多。晚明時期，京城內太監多達七萬人（包括宮裡的一萬兩千人），另外還有三萬名分布在全國各地機關中。坊間「十萬太監亡大明」之說，就是這麼來的。

太監出任務

「航海王」鄭和

從馬和到鄭和

明朝是一個惡名昭彰的「太監帝國」。諷刺的是，第一個在帝國史寫下重要篇章的，卻是一個形象正面的宦官——「三保太監」鄭和。關鍵原因在於，他沒有參與、也沒機會參與宮廷內的權力鬥爭，而是被派到外面世界去跟外國人打交道、尋找失蹤人口、「宣揚國威」。此一任務讓鄭和成為重量級的外交家、冒險家，更重要的是，他成為中國古代史上絕無僅有的「航海王」。他奉命進行的七趟航行，史稱「鄭和下西洋」，總航程達七萬多海里，等同環繞地球三圈多！

鄭和，雲南昆陽人。原姓馬，名文彬，字和，小名三保，回族（色目）人。阿拉伯名字是哈兒只．馬哈茂德．贍思丁（Hajji Mahmud Shamsuddin），馬姓是阿拉伯語「馬哈茂德」（穆罕默德）的漢化寫法。「三保」之名可能來自鄭和的穆斯林教名「三寶奴」（Abdul Sabbur），意為「真主之僕」，因此一般民間也稱他為「三寶太監」。不過鄭和跟佛教也有淵源，永樂元年（一四〇三年），國師道衍（即姚廣孝）曾收鄭和為菩薩戒弟子，法名福吉祥。

鄭和是怎樣變成太監的呢？話說他的祖先是蒙古軍隊西征時，歸順成吉思汗的西域貴族賽典赤．贍思丁（「賽典赤」本意就是貴族）。贍思丁在元世祖忽必烈時升任燕京宣撫使，至元八年（一二七一年）率兵參與蒙古軍圍攻襄陽戰役，至元十一年出任雲南行省平章政事。贍思丁的四世孫和五世孫都獲封為滇陽侯，駐守雲南昆陽州（今昆明市普寧縣）。

洪武四年（一三七一年），贍思丁的六世孫馬和在滇陽侯府出生。馬和是父親馬哈只的二子，另有姐妹四人。明朝政權建立初期，雲南仍是蒙古宗室（梁王）勢力。朱元璋派人去招降遭到拒絕，還殺了使者。洪武十四年（一三八二年）九月，朱元璋

鄭和
1371 – 1433 年

派大將傅友德、藍玉、沐英率三十萬大軍進攻雲南，翌年占領昆明。當時年僅十歲的馬和，被傅友德（一說是副帥藍玉）擄至南京，下了宮刑。

數年後，傅友德奉命率軍支援燕王朱棣出征北元（蒙古），馬和就在這個時候進入朱棣的王府，當了太監。朱元璋駕崩後，把皇位傳給孫子朱允炆，是為惠帝。惠帝聽從近臣齊泰、黃子澄的建議，實行削藩，引爆燕王在建文元年（一三九九年）七月起兵「清君側」，是為「靖難之變」，意指「平定國難」。

明代太監掌權的源起，跟朱棣奪位成功有莫大關係。話說惠帝為防止太監濫權，禁止他們在宮城之外辦理公務，引發許多太監不滿。他們逃到北京投奔燕王，大爆京師的防衛弱點，還指出安徽鳳陽及江蘇淮安駐有重兵，最好避開。朱棣聽了大為高興（只差沒有頒發一個「惠我良多」的匾額）。

由於朱元璋誅殺良將殆盡，到靖難之變爆發時，惠帝已經沒什麼將才可用。在六十五歲老將耿炳文失利後，惠帝聽從黃子澄建議，起用朱元璋的外甥——名將李文忠之子李景隆擔任大將軍，率軍五十萬伐燕。李景隆是典型的「繡花枕頭」，長得英挺帥氣，個性卻傲慢無比。更嚴重的是，他絲毫不曉帶兵之道，造成許多部下不服。

建文元年七月，李景隆趁著朱棣進攻大寧（今內蒙古寧城）之際，圍攻北平，結九營於東邊的鄭村壩（今北京東壩村）。朱棣回師迎戰，大敗了李景隆。馬和在此役立下重大戰功。「靖難」之後，燕王朱棣奪得政權，是為明成祖。

永樂二年（一四〇四年）正月初一，成祖在南京御筆書寫「鄭」字賜姓馬和，以紀念這場戰功[1]，並擢升他為「內官監」太監，相當於正四品官員。永垂史冊的「鄭和」之名誕生了。

我要成為航海王！

成祖雖然奪得政權，但是他的姪子惠帝朱允炆卻失蹤了，生死下落不明，有一說他逃到海外（可能組織流亡政府）。成祖上天下海也要查個水落石出，卻不好意思也不方便發出「尋人啟事」。於是，他想到了以出使西洋諸國之名，派出「海外搜索隊」。《明史．鄭和傳》這麼記載：「成祖疑惠帝亡海外，欲蹤跡之。」除此之外，還可以順便「耀威異域，示中國富強」。

1 見《鄭和家世資料》，1985，人民交通出版。

鄭和有智慧、武功強、知兵習戰，深獲成祖信賴。根據明代御用相士袁忠徹記述：「鄭和身長九尺，腰大十圍，四岳峻而鼻小，眉目分明，耳白過面，齒如編貝，行如虎步，聲音洪亮」，這表示他的外表很優，在職場上占有優勢。成祖有意讓鄭和擔任「下西洋」的領導，但這年鄭和已經三十五歲，成祖於是詢問袁忠徹的意見。袁回答：「三保姿貌、才智，內侍中無與比者，臣察其氣色，誠可任。」一槌定音，中國史上最大規模的海上冒險之旅——鄭和下西洋，於焉啟航！

永樂三年（一四〇五年）七月十一日，鄭和率領二百四十多艘海船、二萬七千四百名士兵和水手組成的龐大艦隊「快樂的出航」，這也是明朝宦官領兵之始。艦隊中的主力稱為「寶船」，《明史．鄭和傳》記載：「寶船六十三號（艘），船長四十四丈，闊一十八丈。」這些設有九桅十二帆的大船，換算成現代公制，相當於長一百三十八公尺、寬五十六公尺、排水量一千一百噸、可乘載上千人的巨艦，顯示當時中國造船業遙遙領先全世界。

第一次下西洋期間，鄭和艦隊曾停泊在三佛齊王國舊港（今蘇門答臘），廣東僑領施進卿來報，指朝廷懸賞捉拿的「大海盜」陳祖義就在當地。鄭和於是發兵，跟陳祖義打了激烈的一仗，剿滅賊黨五千多人，燒毀賊船十艘，抓獲五艘，並生擒陳祖義等三名海盜首領。永樂五年（一四〇七年）九月，艦隊回國，陳祖義被押回受審，斬首。

鄭和艦隊先後到過爪哇、蘇門答臘、馬六甲、暹羅（泰國）、天方（阿拉伯）、木骨都束（摩加迪休）等三十多個西太平洋和印度洋國家。最遠曾到達東非、紅海、麥加（並且有可能到過澳洲），艦隊每次都從蘇州劉家港出發。一直到宣德八年（一四三三年），二十八年內總共七度遠航。宣德八年四月初，艦隊結束最後一次航行，回程到古里（今印度西南海岸的科澤科德）時，鄭和在船上病逝，享年六十二歲。

不過早在鄭和第七次下海之前，這系列偉大旅程就已預告了終結。永樂二十二年（一四二四年），成祖去世，仁宗朱高熾繼位，他聽從戶部尚書夏原吉意見，以過於浪費、收效不大為由，下令停止下西洋活動。不到一年後，仁宗猝逝，宣宗朱瞻基繼位，改年號宣德，讓鄭和完成第七次，也是最後一次的下西洋。

一去不復返的海上霸權

到了憲宗朱見深在位年間，曾有太監提議恢復下西洋，憲宗下詔到兵部索取鄭和出使的海圖等資料，但因牽涉到朝臣跟宦官之間的權力鬥爭，遭到兵部車駕司郎中劉大夏等官員強烈反對，認為下西洋是一大弊政，有害無益。劉大夏因此將當年的資料都藏起來（一說把它們銷毀），兵部尚書項忠命人搜索，卻毫無結果，再下西洋一事遂不了了之。後來倭寇橫行，明朝海禁力度不斷加大，從此，中國的海上霸權永遠回不來了。

鄭和下西洋比哥倫布發現新大陸（一四九二年）早了將近九十年。英國海軍退休軍官孟席斯（Gavin Menzies）甚至在他極具爭議的著作《一四二一：中國發現世界》裡指出，鄭和比哥倫布更早發現美洲新大陸！

鄭和的壯舉對世界交通史和文化傳播史有重大影響。但是中國古代不重商，沒有發展出資本主義，自然也就不懂帝國主義，所以怨嘆中國當時沒有建立「殖民帝國」，是沒有意義的。倒是之後的加強海禁，以及摧毀「下西洋」的所有遺產，使得中國再也無法建立強大的海軍，痛失海權近六百年之久，飽受日本及西方列強欺凌。若非如此，中國命運及世界歷史將會大幅改寫。

夢想家王振

我不是鹹魚！

有了大夢想，誰還需要小小鳥？

或許是受了五月天和周星馳的影響，現代人愛談夢想。夢想彷彿是男人（或者還有女人）心目中「好棒棒」的性能力一樣，是絕對必要的。周星馳在《少林足球》裡的經典台詞：「做人如果沒夢想，那跟鹹魚有什麼分別？」這句話影響了很多人。沒有人想被取笑是鹹魚，所以大家都點頭如搗蒜的說自己有夢想，至少像甄妮在代表作《明日話今天》歌詞裡說的：「願望是做個預算，夢幻是自我去編。」反正，這是一定要的啦！

但夢想有時候是危險的。一代豪傑「阿拉伯的勞倫斯」在他的游擊戰回憶錄《智慧七柱》（Seven Pillars of Wisdom）裡開宗明義便說：「那些白天做夢的人是非常危險的，他們會行動起來，讓自己的夢變成現實。」儘管「阿拉伯的勞倫斯」

是成功例子，但「白日夢想家」之所以危險，是因為夢想的實踐難度跟夢想家本身能力的落差，有時候會給自己和別人帶來重大的災難。歷史上不乏著名例子，這裡要說的，正是明朝第一個掌握軍政大權的「夢想家太監」——王振。

王振，山西蔚州（今河北蔚縣）人。他是明朝第一個天王巨星級的太監，其出身跟一般太監很不一樣。他本來是個讀書人，曾中過舉人，後來因為考進士屢試不第，在地方政府的官立學校擔任學官（負責生員的管理和教育）。儘管當時他已經結婚生子，但是，就跟現代許多年輕人一樣，他有夢想！

他不甘心就此埋沒一生。剛好當時宮廷缺乏識字之士，朝廷下了一道旨意：如果各地方教育機構官員長期工作表現不理想，但已有子嗣者，可以請調到京城當官——宦官。當時王振已當了九年的學官，考績一直不理想，按律令要被貶到別處任職。於是他決定賭一

王振
生不詳－1449 年

把，「引刀成一快」，淨身入了宮（估計這時候他應該已經有三十歲）！光是憑這股氣魄，就足以讓許多「帶把的」男人汗顏。

王振上京後，進入「內書堂」（太監學校）工作，負責教不識字、或「西瓜大的字識不上幾擔」的太監讀書。所謂「山中無老虎，猴子也稱王」，王振在這裡獲得了前所未有的尊重，工作態度也隨之好轉。宣宗朱瞻基見他表現不錯，於是派他當「太子侍讀」，從教太監讀書，晉升為陪太子讀書。

玩弄小皇帝於手掌心

華人世界有句俗語：「三歲定八十」，在外國近代研究的驗證下，這句話是有科學根據的，童年期對一個人的未來有至關重要的影響！王振應該是一名很出色的幼教老師，懂得討太子的歡心，《明史・宦官・王振傳》描述他「狡黠得帝歡」。然加上他是在外面混過的，見識跟宮裡的人不同，所以太子朱祁鎮對他敬愛有加。然而，這也埋下了日後的禍根。

朱祁鎮九歲那年，宣宗駕崩，太子繼位，是為英宗，年號正統。由於他年紀尚小，太皇太后張氏喚英國公張輔、大學士楊士奇、楊榮、楊溥（三人史稱「三楊」）、尚書胡濙等五人進宮，命他們組成比汶川地震存活的「豬堅強」還堅強的黃金陣容輔政。這位太皇太后有超乎尋常的識人之明，她又喚王振進來，對趴在地上的王振變臉厲聲說：「你侍候皇帝常常不依規矩，如今要賜你死！」

眼看衛士都已經把刀架在王振脖子上了，英宗卻跪下來為他求情，五大臣見狀只能跟著跪！太皇太后說：「皇帝年少，不知道這傢伙會禍人家國。因為你們求情，我暫且饒他一命，但以後絕不可以讓他干預國事。」王振這才躲過了一生最大的凶險。（以上見谷應泰《明史紀事本末》）

英宗對王振很好，讓他入掌太監的最高機構「司禮監」，平時稱他為「先生」而不敢直呼他的名字，實為「吾愛吾師」（To sir, with love）的最佳典範。正統七年，太皇太后張氏去世，王振的最大障礙已除，「三楊」裡也只剩下年事已高的楊溥，王振開始胡作非為。首先，他命人拆走太祖朱元璋立在宮門口「宦官不得干政」的鐵牌。後來更大肆剷除異己，殺了許多反對他的人。然而，正統十四年（一四四九年）瓦剌入侵，徹底改變了王振與英宗的命運。

瓦剌是蒙古的一支。雖然蒙古被朱元璋趕出中國，分裂成了三支（韃靼、瓦剌、兀良哈），但勢力並未消滅，不時仍會發生衝突。西元一四一四年，明成祖朱棣統兵北征西部蒙古，跟瓦剌大戰於忽蘭忽失溫（今蒙古國烏蘭巴托東），瓦剌首領馬哈木敗，向明稱臣。馬哈木死後，他的兒子脫歡繼位，韃靼大汗脫脫不花封其「太師」，脫歡於是成為蒙古名義上的領袖，並逐漸統一了蒙古各部。當然脫歡有更大的野心——為蒙古人向大明報仇，但他壯志未酬就先死了，只留下他的兒子也先。

王振與也先很「麻吉」，不但收受瓦剌的賄賂，還指示在山西大同當監軍的親信太監郭敬，於當地打造大批的金屬箭頭（箭鏃）賣給瓦剌。瓦剌每年都會遣人朝貢，這種朝貢，其實是一種獲利手段。因為根據外交慣例，明朝都要給貢使賞賜。而為了大國的面子，賞賜的財物價值，實際上往往超過貢物的價值。何況，沿途招待這些貢使也是一筆很大的開銷（光是山西大同地區，每年對貢使的供應費就達三十萬兩）。

正統十四年二月，也先派遣二千多人向明朝貢馬，卻詭稱有三千人。以二千餘人冒稱三千人，意味著多領了近一千人的賞賜。之前瓦剌都會賄賂王振，王振對瓦剌貢使一向也是十分優待，有求必應。但他這次可能是想對瓦剌立威，提醒對方不要「太超過」，竟然一一核實使者人數，並吩咐禮部按實際人數發給賞賜，更將貢馬削價五分之四，僅回賜了瓦剌貢物實際價值的五分之一。也先得知後大怒，還說先前明朝使者來瓦剌時，曾答應將一位公主嫁給他的兒子，這次貢馬便是聘禮，而明朝這次的做法，根本是意在毀婚（事實上，那名使者把這件事給「河蟹」了，並沒有把求婚之事告訴朝廷）。

瓦剌於是在同年七月兵分四路侵明。也先親率一路，攻陷山西大同前線，「塞外城堡，所至陷沒」。戰報傳來，朝廷震動，下令駙馬都尉井源、宋瑛各領一萬人赴山西，協助大同總兵官朱冕、參將石亨等總共四萬兵馬一同禦敵。明軍決定在距離大同八十里、靠近長城隘口的陽和布防。但是依據慣例，仍由太監郭敬監軍。郭敬不善於指揮作戰，可說是礙手礙腳，明兵全軍覆沒。宋瑛、朱冕戰死，井源、石亨、郭敬逃回。

把英宗推上戰場

當最早的一波戰敗消息傳到朝廷時，主戰、主和等各派意見莫衷一是。這時候，英宗又不免想問問「王先生」的意見。未料，這個從未見識過戰爭為何物的太監，非但主戰，還力勸皇上御駕親征！皇上親征是性命交關、危及國家命運的大事，一旦被俘或戰死，那怎麼辦？王振提出這樣的主張，難道是「頭殼壞去」？

當然不是。王振這樣做自然有他深層的原因。受儒家思想影響，中國古代讀書人普遍都有為國家、君主建功立業的夢想（立德、立功、立言）。王振雖然「讀壞書」（儘管他自己不知道），但在這一點也不例外。這次拱皇帝親征，就是在他享有富貴和權力之後，更上層樓讓自己在歷史上留下不朽名聲的絕佳機會。

他應該聽說過，北宋宰相寇準力促宋真宗親征遼國，不但打了勝仗，還締下「澶淵之盟」，讓宋、遼之間維持了一百二十多年的和平。他更不可能不知道，本朝的成祖朱棣就曾經多次親征，大敗蒙古，包括前面提到的一四一四年擊敗了也先祖父馬哈木。王振大概就是以上述例子來游說二十二歲的年輕皇帝英宗，讓他想像自己能跟祖宗比肩而立，實踐「天子守國門」的豐功偉業。

此外，王振雖然不是什麼國士無雙，但簡單的數學他是會的。多數史書並未記載這次瓦剌入侵究竟出兵多少。明朝景泰年間詹事府[1]官員劉定之在他所著的《否泰錄》裡說：「其實虜（瓦剌）眾僅二萬。」這個數字是可信的。其一，因為這只

1 詹事府：自唐代設立，是專門輔助太子的機構。

是一場懲罰性的劫掠戰爭、並非關乎兩國存亡的對決。其二，兵部尚書鄺埜曾力諫：「此兵內犯，一邊將之力足以制之。陛下為宗廟社稷之主，奈何不自重？」一個邊將就足以對抗，說明了對方出動的兵力有限。其三，王振的回應很有參考價值——他讓朝廷發兵「五十萬」陪皇帝親征！

根據後世史家估算，明廷當時短時間內不可能動員五十萬，實際兵力應該在二十萬左右。王振的如意算盤是，兵力十比一，除非對方個個是葉問，否則「十個打一個」，他是贏定的。所以，御駕親征，安啦！當然，王振自己沒有打過仗，他無法想像「兵敗如山倒」是怎麼樣的光景，這不是光靠簡單數學就可以計算的。總之，最後英宗不顧群臣反對，在七月十四日宣布御駕親征，同時命弟弟郕王朱祁鈺（後來的景帝）留守。

土木堡之役

男孩看見血地獄

一次亂七八糟的行軍

英宗決定「親征」才過兩天，明朝大軍就倉促出發了（同一天，陽和戰敗消息傳到），可說是舉朝震駭。同行的還有英國公張輔、成國公朱勇、兵部尚書鄺埜等上百名文武官員，幾乎是傾巢而出，堪稱中國史上絕無僅有的華麗大進擊。

出征途中，大官們奏事都要膝行前進，鄺埜、王佐二人由於曾忤逆王振，甚至被罰下跪，他的氣焰囂張可想而知。但因準備不足，糧食缺乏，途中又遭逢大雨，師出居庸關後，還沒到前線大同，就已經餓死了很多人。而後路經陽和，看見殺戮過後的戰場慘況，更讓許多人心膽俱裂。

八月初一，明軍到達大同後，瓦剌為了誘敵深入，故意將部隊後撤。王振以為瓦剌軍害怕，就想繼續北進。隔日，一個從火線回來的逃兵，卻讓他改變了主意。

這個人就是他的親信——監軍太監郭敬。郭敬把陽和之役的慘烈情況和盤托出，並且說如果繼續北進，就會正中瓦剌的詭計，王振這才覺得恐懼，只好下令撤兵回朝。

照理說，劇情如此發展下去，大災難本來是可以避免的。然而在戰場上，一步錯往往就是退無死所。天可憐見，回朝途中老天爺給了明朝官兵許多次活命機會，偏偏王振真是個不世出的「破壞王」，安全撤退的計畫竟都給他摧毀殆盡！光是一步錯已經不得了，王振卻可以做到步步都錯！也就是說，每次拿死、活兩條路給他選，他總是自尋死路！這當然跟王振讀壞書，自以為天縱英明，不懂指揮卻硬要裝懂的偏執個性有重大關係。

首先，是有關退兵路線的選擇。王振本來聽從大同參將郭登的建議，車駕從紫荊關（今河北易縣西北）進入。這條路會經過王振的家鄉蔚州，正好可以邀皇帝到家裡坐坐，在鄉里面前炫耀一番。但是，讀書人的毛病就是「想太多」，走了四十里後，他突然改變主意。原來，「王老先生」在家鄉有塊地，他生怕大軍過境會踩壞禾稼，就用不想破壞「人民」作物為由，決定折返往東，奔向宣府（今河北宣化縣），循原路回朝。

戰場上瞬息萬變，經過這麼一番折騰，損失了寶貴時間。走到狼山時，瓦剌的部隊已經追上，中央指揮部於是派朱勇率軍三萬抵擋。朱勇並非將才，他在鷂兒嶺中了埋伏，全軍覆沒。八月十三日下午，明軍抵達土木堡（今河北懷來縣東南），距離懷來城僅二十里，只要進了城，一切就安心了。然而就在這個關鍵時刻，王振「頭殼壞去」的毛病又犯了。他說自己一千多車的私人行李（大概是搜括來的）還沒運到，竟然下令不走了，乾脆就地宿營！

兵部尚書鄺埜一再要求趕緊進入居庸關，以策萬全。王振聽了生氣，竟然罵他：「腐儒安知兵事！再妄言必死！」鄺埜回道：「我為社稷生靈，何得以死懼我！」王振更氣，吩咐左右把他轟出去。好笑的是，王振知道「腐儒不知兵事」，但真正的「腐儒」究竟是誰呢？

鄺埜當時職務是兵部尚書（國防部長），不管你認不認同他的見解，在「打仗」這檔事上，他是有資格發言的。但王振呢？非常悲劇又諷刺的，他是一名自以為「知兵」的太監！照理說，他要等行李運到，跟火速送英宗入關以保安全，這兩件事並不衝突。王老先生怎麼就這麼死腦筋，非要冒著被追兵趕上的風險，把皇上和自己留在火線地帶？

本來，這次出征動用文武官員上百人，怎麼輪也輪不到王振來指揮。但是當時輩份最高、作戰經驗最豐富的四朝元老張輔（成祖時大將張玉之子），已高齡七十五歲，找他同行只是「搏宣傳」而無實權（征途上他也是全程「惦惦」，不敢發言）。其餘的人迫於王振背後有皇帝撐腰，也不敢爭指揮權，結果造成了這齣荒腔走板、亂指揮一通的荒謬悲劇。

當然，也不是完全沒有想起來反抗的人。啟程之初，翰林學士曹鼐曾跟同行官員密謀，要在英宗跟前斬殺王振，進行兵諫。但沒人敢答應「參一腳」，最後去問張輔，張輔也不敢作主，此一「驚天地、泣鬼神」的悲壯計畫遂不了了之。這是相當讓人扼腕的。如果計畫成功執行，歷史勢必改寫，後世的人也只知「大亨堡」而不會知「土木堡」了！

好傻好天真

話說明朝大軍在土木堡過了一夜後，第二天瓦剌的部隊就已趕到，形成包圍，明軍再也無法移動。土木堡，地如其名，這是一處高地，有土、有木，就是沒有水！當地南邊本來有一處水源，無奈已被瓦剌搶先一步占領。明軍只好就地掘井，但是掘了兩丈深還是沒水。又飢又渴的官兵被圍兩天之後，也先部隊從土木堡旁的麻谷口進攻。守衛谷口的都指揮郭懋奮戰一夜，勉強頂住。也先見硬攻不行，十五日假裝退兵，還派使者到明軍大營表示要和談。英宗於是命曹鼐寫好詔書，交給兩名通譯到也先大營談判。

這時候，王老先生無可救藥的天真和無知又表露無遺了，他聽說也先退兵，又派人議和，以為危機解除了，想也不想，竟然下令移營，向水源奔去（可能是太渴了）。但是才走了三、四里，瓦剌大軍就從四面八方包圍過來。明軍大亂，你逃我也逃，瓦剌縱騎兵衝入，揮舞長刀砍殺。瓦剌兵不厭詐，一邊砍殺還一邊大喊：「解甲投刀者不殺！」

那些明兵跟王振一樣好傻好天真，竟真的把裝甲脫了！結果軍士「裸袒相蹈藉死，蔽野塞川」者不計其數，許多裸體軍士被射得跟箭豬一樣，形成戰場上一幅十分罕見的荒謬、甚至近乎滑稽的畫面。英宗跟親兵試圖突圍，但衝不出去，他倒是很瀟灑，乾脆下馬坐在地上！最後被俘。

《明史》記載，此役官兵死傷數十萬。英國公張輔、駙馬都尉井源、兵部尚書鄺埜、戶部尚書王佐、大學士曹鼐等五十多名文武官員全部戰死。當朝精銳泰半付諸一炬。許多史家認為，這是明朝國力由盛而衰的轉捩點。至於罪魁禍首王振呢？

《明史》等多數史書說：「帝蒙塵，振乃為亂兵所殺」。

谷應泰在《明史記事本末》裡則說：「護衛將軍樊忠者，從帝旁以所持棰捶死（王）振，曰：『吾為天下誅此賊！』」我強烈懷疑，王振被樊忠用「棰」（鐵槌）一頭砸死，是後人編造出來的，目的是為了補償，讓痛恨王振禍國殃民的人們心裡痛快一點。

一心追求「權力與榮耀」的王振，由於嚴重的「不知己、不知彼」，最後落得身敗名裂的下場。他在北京的家被抄。黨羽族人全被處死（振族無少長皆斬）。王振闖下如此大禍，把皇上害得這樣慘，英宗一定恨死王振了吧？非也，大家統統都猜錯！英宗復辟後，仍然十分懷念王振，不但重用他的徒弟曹吉祥，更隆重地為他招魂，入祀寺廟。《明史》這樣說：「英宗復辟，顧念振不置。用太監劉恒言，賜振祭，招魂以葬，祀之智化寺，賜祠曰精忠。」然而這已是後話了。

十月圍城

北京保衛戰

自古以來官員就會互毆

明朝大多數時候被人們認為是一個黑暗、貪腐的時代，然而卻有少數幾個英烈千秋的忠勇之士照亮了黑暗，成為難得的光點。其中之一便是于謙。拜胡金銓武俠經典《龍門客棧》所賜，于謙的名氣迄今不墜。其一生輝煌功業裡最重要的一役，就是領導朝廷打贏了「北京保衛戰」。

話說正統十四年（一四四九年）八月爆發「土木堡之役」，明軍狂敗，英宗被俘的消息傳到京師後，舉朝震恐。八月十八日皇太后孫氏命英宗胞弟郕王朱祁鈺監國。朱祁鈺召集文武群臣商議。翰林院侍講徐珵可能是業餘的天文學「發燒友」，他奏稱：「觀星象有變，應當向南遷都避敵。」時任兵部侍郎（國防部副部長）的于謙聽後，厲聲斥責：「言南遷者，可斬也。京師天下根本，一動則大事去矣，獨不見宋南渡事乎！」

于謙是「天子守國門」這一派理論的支持者，認為國都越逼近北方，越能鎮得住外敵（跟明末清初大儒黃宗羲等人認為「日日置首都於險境」的看法相反）。由於于謙理直氣又壯，朱祁鈺聽從了他的意見。但是也先很可能因此攻擊京師，這該怎麼辦呢？于謙是主張保衛京師最給力的人，「個人造孽個人擔」，於是朝廷在八月二十一日升于謙為兵部尚書。

八月二十三日，郕王朱祁鈺在午門主持朝政。在籌劃備戰方略的同時，官員們共同要求嚴懲「土木之變」禍首王振的黨羽。右都御史陳鎰上奏請求誅殺王振全族，眾官紛紛響應。朱祁鈺一時無法決定，下令改天再議，引發群臣不滿。這時候，王振的黨羽，錦衣衛指揮同知馬順站出來斥責百官。戶科給事中[1]王竑、刑科給事中曹凱被激怒了，突然一起發難，攻擊馬順，抓他的頭髮、咬他的皮肉，還罵說：「你平時幫助王振作惡，如今還敢囂張？」

群臣見狀，紛紛加入「暴力團」，一時血濺朝堂，馬順竟然當場被毆打致死！事情還沒完呢，眾人接著又要求揪出王振的黨羽毛貴、王長二人。太監金英見眾怒難犯，只好把他們交出來，隨即兩人也被群臣打死。一時間「衛卒洶洶，朝班大亂」，禮儀頓時不復存在，一些大臣還把三具屍體懸掛在東安門上，有士兵看到後也上前打一頓洩憤。

這是明朝史上唯一的「朝堂鬥毆事件」，史稱「午門血案」。事發當時，朱祁鈺被嚇壞了，想當場落跑。于謙擠到朱祁鈺身邊，抓著他的衣服說：「馬順等人罪當死，請不要再怪罪動手的大臣了。」事件平息之後，王振的姪子——錦衣衛指揮王山接著被捕，遭到磔刑（即凌遲）。王振一族「無少長皆斬」，朝廷抄其家，得金銀六十庫，玉盤上百，其他珍玩無數。

挺身而出的于謙

鬥毆血案發生時，于謙的袍袖在混亂之間被撕裂了。退出宮門時，吏部尚書王直握著于謙的手說：「國家現在正需要你啊！像今天這樣的狀況，即使有一百個王直也處理不了！」在這個國家危難的重要關頭，朝廷上下都倚重于謙，于謙也毅然決然地「**以社稷安危為己任**」。

1 給事中：職掌規諫、稽察等六部事務之官職。

也先挾持著英宗，到處要脅勒索。為了使他死心，皇太后孫氏聽從群臣建議，在九月六日讓朱祁鈺即帝位，改元景泰，遙奉英宗為「太上皇」。這時候，明朝主力潰散，京師兵力不滿十萬，人心惶惶。于謙在此危急存亡關頭，大大發揮了領導統御的才華。首先，他聽從應天（南京）巡撫周枕的建議，徵調大車五百輛，並招募志願者到通州（今北京市通州區），將那裡的數百石糧食運到京師。接著，積極招兵、修葺關隘、打造軍器。

于謙的識人之明更是卓越。他把表現傑出的大同參將郭登升為總兵。此外，從陽和之役戰敗回來的參將石亨，在貶官後負責募兵，于謙知道此人是將才，讓他擔任「京師總兵官」（范廣為副總兵）。還有一人楊洪，當也先挾著英宗路過宣府時，身為總兵的楊洪閉門拒戰，隨後被朝廷逮捕下獄，于謙也重新起用，命他重掌宣府。

挾著英宗到處趴趴走的也先，一再以「贖回皇帝」為藉口，勒索邊關守將。但此計逐漸不靈光，他乾脆直接進犯京師。正統十四年（一四四九年）十月，也先率領瓦剌軍分三路大舉進攻。東路軍二萬人從古北口切入，進攻北京東北部的密雲（旨在牽制當地明軍），中路軍五萬人，由脫脫不花率領，從宣府方向進攻居庸關。西路軍十萬人則以也先為首，在十月初一挾持英宗到達大同，訛稱要送回皇帝。大同總兵郭登卻說：「免啦，我們已經有皇帝了！」也先見郭登有所準備，不敢貿然進攻，於是繞過大同，南下至陽和，接著攻陷居庸關西南的白羊口。十月初九，也先在明朝叛降太監喜寧的引導下，繞小路越過山嶺，攻破紫荊關，右副都御史孫祥戰死。過了紫荊關，明軍再無險可守，瓦剌軍長驅直入，進逼京師。

朝廷接獲郭登的快報，得知瓦剌已向京師逼近，於是下令戒嚴，並喚諸王遣兵入衛，隨後河南、山東等地的勤王部隊也陸續趕到。景帝命于謙指揮各營兵馬，所有將士都受他節制。當初從大同前線擅離職守逃回來的廣寧伯劉安，以及在交趾（今越南）戰敗論死的成山侯王通，二人都被捕下獄。于謙赦免他們出獄協防京師。這時候瓦剌兵力約十七萬人，明軍則有二十萬人。

朝廷召集文武大臣商討戰守策略時，京師總兵官石亨提議：「毋出師，盡閉諸門，堅壁以老之。」石亨是沙場老將，之前吃過瓦剌的虧，因此他主張堅守，待瓦剌糧盡退兵，是一種「安全牌」的打法。相對於作戰經驗豐富的石亨主守，從沒打過仗的于謙卻主張出戰：「奈何示弱，使敵益輕我！」

于謙主張正面迎敵的態度讓人想起了王振。但為何同樣是大膽豪賭，結果卻迥然相反？因為于謙沒有讀壞書！他當上國防部長，可是有真本事的。他事前充分準備、周密估算，才敢提出作戰策略。所以儘管出戰是兵行險著，他的勝算與王振的簡單算數相較之下，差距不可以道里計。

于謙的勇敢更讓人咋舌。他下令關閉城門，將二十萬大軍列陣於京師九門之外——都督陶瑾守安定門、廣寧伯劉安守東直門、武進伯朱瑛守朝陽門、都督劉聚守西直門、鎮遠侯顧興祖守阜成門、都指揮李端守正陽門、都督劉得新守崇文門、都指揮湯節守宣武門。于謙「躬環甲冑」（穿上盔甲），親自跟石亨、范廣鎮守德勝門，以示必死！

他對三軍曉以忠義，人人感奮，勇氣百倍。但于謙打仗絕不是「請客吃飯」，他知道光是靠「精神訓話」不夠保險，於是下了一道極嚴厲的軍令：「臨陣，將不顧軍先退者，斬其將；軍不顧將先退者，後隊斬前隊。」意思就是說，將領不顧軍隊臨陣脫逃的，斬殺將領。部隊不顧將領先行退卻的，後隊的士兵斬殺前面的逃兵。退無死所，大家只好往前拚了！

瓦剌的全面撤退

十月十一日，瓦剌大軍抵達北京城下，被俘的太上皇朱祁鎮被帶到德勝門外的土關。太監喜寧建議也先以議和之名，誘于謙等人前往迎駕，再乘機擒獲，明軍必然因群龍無首而潰敗。然而于謙豈是笨蛋？陰謀當然被他識破。也先見計策未能得逞，便在十三日開始進攻德勝門。于謙派石亨帶兵，預先埋伏在德勝門外道路兩旁的民宅中，只派少數精銳騎兵接戰，沒多久即假裝戰敗潰退，瓦剌軍以萬餘騎追殺。

當瓦剌軍進入明軍的伏擊範圍時，范廣立馬下令神機營發射火槍、火炮。與此同時，石亨率領伏兵突然殺出夾攻，瓦剌大敗。有「鐵元帥」之稱的也先之弟孛羅，以及瓦剌部的「平章」卯那孩先後中炮身亡。瓦剌軍不得已，轉而進攻西直門，迎戰守將都督孫鏜。孫鏜因兵力單薄，漸感不支。所幸石亨、高禮、毛福壽前來增援，瓦剌軍多面受敵，被迫退去。

瓦剌軍在德勝門、西直門受挫後，重新整頓，又企圖進攻彰義門。于謙命武興、王敬、王勇接戰。明軍以火槍打頭陣，弓箭、短兵器接力，擊潰了瓦剌前鋒。然而，正當瓦剌準備撤退時，明軍裡有數百騎兵想爭功，突然從後方躍馬而出，衝亂了陣營，瓦剌趁機反擊，明軍反而敗退，武興中箭陣亡。瓦剌軍追到土城，上城一帶居民投磚擲石，阻止了瓦剌軍的進攻。接著王竑及毛福壽援兵趕到，瓦剌軍見無法戰勝，只好放棄。

想當初，也先深入京師重地，本以為根據土木堡的經驗，拿下北京易如反掌，未料踢到大鐵板。各路明軍在于謙領導下，奮勇抗敵，五天內屢次大破瓦剌軍。攻打居庸關戰役，瓦剌也討不到便宜。因為天氣酷寒，明朝守將羅通汲水灌城，讓牆壁結冰，瓦剌軍的攻勢都被擊退。屢次進攻不利，部隊的厭戰心理逐漸高漲，又聽說明朝援軍不斷趕到，也先怕退路被截斷，終於在十月十五日夜裡下令拔營北返。

于謙派人偵察，等到也先與英宗走遠後，命石亨等人用火炮猛轟瓦剌軍營，造成死者萬餘人。明軍乘勝追擊之際，附近百姓也紛紛組織起來，攻擊瓦剌軍殘部，奪回了被瓦剌擄去的人財。到十一月初八日，瓦剌軍完全退出塞外，京師解嚴。于謙領導明軍，打贏了這場重建朝廷與軍民信心的「京師保衛戰」。

青年朱祁鎮的奇幻漂流

神明顯靈救英宗

無論從人生際遇之曲折離奇，或性格之多面多變來看，明英宗朱祁鎮都是史上罕見的「奇皇帝」。對於封建時代的君主，後代史家多以「明君」、「昏君」的簡單二分法來評定。但這一套標準對朱祁鎮來說，卻完全不適用。在用人上，他是有夠「昏」的（尤其是重用王振）；但是在性格及個人行為上，他卻是一個有君主氣度、重情重義的人。

話說「土木堡之變」後，朱祁鎮被俘。谷應泰的《明史紀事本末》記下了當時的畫面，很有戲劇張力。

內容是這樣的，當明兵大潰敗之時，英宗見突圍不成，乾脆下馬盤膝面南（面向祖國）而坐，當時只有太監喜寧隨侍在他身邊。有一名瓦剌士兵要搶他的衣甲，英宗不給，士兵便想殺他，但是被旁邊的一名同袍阻止，說：「此非凡人，舉動自別。」（舉止跟別人很不一樣。）

他們把英宗押到雷家站去見也先的弟弟賽刊王，英宗反問對方：「你是也先、伯顏帖木兒、賽刊王、還是大同王呢？」賽刊王發現此人見識不凡，大為驚異，跑去對也先說：「我抓到一名俘虜，不像是一般般的人，可能是大明天子。」於是也先找來兩名明兵俘虜指認，二人一看，大驚說：「是他！」也先大喜：「我常向天主禱告，祈求大元帝國一統天下，今天我的美夢終於有機會成真了！」他問眾人該拿英宗怎麼辦？一個叫乃公的人建議殺了他以報仇雪恨。也先的弟弟伯顏帖木兒大罵乃公：「誰說殺他，叫他馬上滾！」

伯顏帖木兒認為，在這個刀箭齊飛的戰場，此人如此命大，必有上天眷顧。不如留著他，日後遣使告訴中國，說不定還可以博得好名聲呢！當然，故事中沒有記載的是，伯顏帖木兒可能說出了跟呂不韋同樣的話：「此奇貨可居也！」或者以今天的大白話來說，是「把他當作提款機」！

也先同意了，於是把英宗交給伯顏帖木兒看管。瓦剌挾著英宗到各處城關勒索，最初相當順利，但後來漸漸不靈了，因為中國已經有了新皇帝！英宗對瓦剌來說反而成了累贅。

《蒙古黃金史》記載了一些奇幻的故事，說明英宗是如何的福大命大，不斷獲得上帝庇佑。其中一個故事說，也先本想結束英宗的性命，用劍砍他，劍卻斷了！又說，瓦剌人把英宗丟進水裡，英宗卻浮了起來！《蒙古黃金史》跟《明史》甚至「巧合」般的記載了同一段經過——也先想半夜偷偷殺死朱祁鎮，沒想到天上打雷，把也先的馬給劈死了！最後，也先終於相信朱祁鎮是真命天子，從此不敢加害。

這些故事究竟是不是真的，早已無從證實，但伯顏帖木兒對英宗很好，這是確有其事。

英宗自八月十五日被俘後，一路受到挾持，輾轉北行，十一月十六日至小黃河蘇武廟[1]，駐紮四十天。伯顏帖木兒的妻子阿撻刺阿哈刺命侍女設帳迎駕、宰羊、設酒宴款待。沒多久，朱祁鎮過虛歲二十三歲生日（十一月二十三日），也先還給他賀壽，送蟒衣、貂裘，辦生日趴。

1 蘇武廟：在大同府西北約五百餘里，《讀史方輿紀要》記載：相傳漢蘇武出使匈奴時居此。

魅力滿點的朱祁鎮

就在英宗這段「北漂」的顛沛流離日子裡，只有袁彬與哈銘兩名錦衣衛隨侍左右，天冷時兩人甚至要「陪睡」（每夜袁彬都奉命抱住英宗的雙足睡覺，為他暖腳，哈銘則睡在英宗旁邊）。

有一天早上，英宗對哈銘說：「你知道嗎？昨晚你的手壓在我胸，我等到你醒了才把你的手挪開。」還把漢光武帝跟「麻吉」嚴光同眠時發生天文異象的故事告訴他，故事是這麼說的，劉秀當年的同窗好友、著名隱士嚴光來訪，劉秀邀他晚上同睡。睡得一塌糊塗的嚴光把腳放在劉秀肚子上。第二天一早，太史兼天象觀察員告訴劉秀：「昨夜客星犯帝座甚急。」

英宗對天文也是「略懂略懂」，有一晚他走出帳篷，仰觀天象後對袁彬、哈銘二人說：「天意顯示，我最後還是可以回到中原。」英宗回中原的最大阻力並不是也先，而是來自身邊的太監喜寧。喜寧是「斯德哥爾摩症候群[2]」的代表例子，被也先俘虜後，就死心塌地為他賣命，不但把中國的虛實和盤托出，還多方獻計，指出如何對明廷巧取豪奪、敲詐勒索。這可能是因為喜寧本身是蒙古人，但哈銘也是蒙古人，作風卻迥然不同。喜寧極力主張不要放英宗回中國，更屢次想除掉袁彬與哈銘，曾一度誘袁彬出營想殺死他，所幸英宗及時救援才沒得逞。

英宗對喜寧不勝厭惡，於是跟袁彬想出一條計策。他們騙也先說，讓英宗給大明朝廷寫親筆信，要朝廷接受瓦剌的要求，並且派喜寧去送信。因為喜寧服侍過英宗，會比較容易取信於明朝，也先相信了。英宗讓被俘的明兵高磐隨行，並暗中寫好密信，繫在高磐的大腿內側，命令他到宣府後，通知當地的總兵除去喜寧。到了宣府，參將楊俊跟喜寧在城下飲宴，高磐突然捉住喜寧大喊：「動手吧！」楊俊立即派人把喜寧縛了，送到京師，把他凌遲處死。喜寧被殺後，也先大怒，跟弟弟賽刊王分道入侵，但數度吞下敗仗，無功而返。

喜寧
生不詳－1450 年

2 斯德哥爾摩症候群：心理學術語，用來指稱被俘虜的人質、受害者反過來對加害者表示好感，甚至幫助加害者的一種心理情結。

除掉喜寧後，英宗的迢迢歸鄉路變得順遂許多。他一直住在伯顏帖木兒的營帳裡，英宗吩咐哈銘對其妻阿撻刺阿哈刺下功夫，請她勸丈夫說服也先把英宗送回中國。阿撻刺阿哈刺說：「我是個女人，我的話能有多大份量呢？不過我平時服侍官人洗臉換衣，說上一兩句話還是可以的。」

話說回來，朱祁鎮或許不是一個英明君主，但是他的個人魅力卻是不世出的。非但袁彬與哈銘對他死心塌地，伯顏跟他也很「麻吉」，常常找他聊天。聊著聊著，伯顏竟然對他產生了莫大好感，還真的當起了他的說客。是否放英宗回國這個問題，讓伯顏跟親哥哥也先吵得臉紅脖子粗。當然，要也先把英宗放回去，光靠伯顏的遊說是不夠的。也先面臨最大的困境是，明朝另立新皇帝後，英宗的身價就嚴重貶了值，殺他不是，不殺他也不是。

一生好友是伯顏

此外，自也先發動對明朝的戰爭後，跟蒙古各部之間產生了利益衝突和矛盾。因為戰爭，蒙古與明朝的貿易往來中斷了，損失很大。至於戰爭的劫掠所得，也先兵多，賺的也最多，脫脫不花名義上雖為大汗，但兵較少，分的也較少。損益相較，脫脫不花認為戰爭是虧本的。所以，也先入侵北京時，脫脫不花並未率領部隊入關。也先兵敗北京後，脫脫不花更自行跟明朝談和。

也先審度情勢，終於在景帝元年（一四五〇年）派使者到北京議和。和談的要件之一，無疑就是送英宗回國。須知道，北宋「靖康之難」後，徽、欽二帝無法返回中原，在明朝人心目中是民族恥辱。既然要跟敵人和談了，明朝說什麼都得把被擄走的皇帝要回來。然而，已經「上位」的景帝該怎麼辦？

明廷君臣為此舉行會議，大多數臣子都主張迎回英宗。這時候，景帝的不爽表露無遺。他嗆聲說：「我並非貪戀皇帝的位子，是你們拱我出來的。如今事情該如何處理？」朝廷中最有力的「大腕」于謙終於說話了：「天位已定，孰敢他議？」景帝聽了很高興，連忙說：「聽你的，聽你的！」接下來朝廷任命李實為禮部右侍郎，擔任特使，率領使節團於七月一日啟程前往也先駐地，於七月十一日抵達。在跟李實見面的三天裡，英宗表現出極為卑微的態度，他表示只想回家，沒有跟弟弟爭帝位的想法，未來去為先帝守陵也好，甚至只做個尋常老百姓也可以。李實回到中原後，把這番話如實稟告朝廷。在群臣力請之下，景帝派右都御史楊善等人於七月十八日出發，迎回英宗。回國當天，也先率全體部落首領送行，行行重行行，大家都陸續回去了，只有一個人走了整天，一路陪到底。這個人就是伯顏帖木兒。

伯顏一路送到離居庸關很近的野狐嶺才停下來，因為不能再往前走了，他只好下馬。想到從此天隔一方，堪稱性情中人的伯顏帖木兒竟然按捺不住，號啕大哭起來。哈銘所著的《北狩事蹟》對這一幕有生動的描寫：「至野狐口，上（英宗）令勞謝伯顏帖木兒曰：『我去矣。』帖木兒聞知，大哭曰：『皇帝去矣，何時得復相見！』帖木兒既去，行數里，聞人馬聲。上驚問為誰，乃帖木兒歸逐得野獸，使人來獻也。」伯顏帖木兒回程時獵得野味，也不忘遣人快馬送來給英宗，他對朋友的好，真是貼心又可愛。這是英宗跟伯顏帖木兒相處的最後時光。英宗被俘後，首領也先覺得這個人質很棘手，對他的去留一時難以抉擇。但是伯顏帖木兒認為英宗有很大的戰略價值，所以就勸哥哥留下了英宗。他的建議得到也先的認可，也造就了英宗與伯顏一段短暫但刻骨銘心的友誼。

一四五四年，瓦剌內訌，伯顏帖木兒被部下阿剌知院所殺。一四五七年，英宗復辟，遣使者賞賜伯顏遺孀阿撻剌阿哈剌。跟《英雄本色》裡的「小馬哥」一樣，朱祁鎮把失去的東西又拿回來了。但昔日恩人與患難之交伯顏，非但不能再相見，甚至也無法與他分享自己雪恥的喜悅，這或許是朱祁鎮後半生最難釋懷的遺憾吧？

奪門之變

轉生術

不貪錢的錢皇后

話說在漠北整整過了一年俘虜生活的英宗朱祁鎮，終於被送回北京。但回到北京時，朱祁鎮並沒有受到應有的禮遇（景帝下令，只派一頂轎子、兩匹馬接他）。經過短暫而冷淡的「歡迎」儀式之後，他雖被尊為「太上皇」，卻被安排住在一處名為「南宮」（今北京南池子），實為破落荒涼的院子。天可憐見，在這裡，朱祁鎮終於見到了一個真心等待他回來的人——錢皇后。

自從皇帝被俘，這位正宮娘娘即傾盡所有私房錢，希望把人贖回來。雖然她姓錢，但名不副實，她手上那一點錢怎麼可能救得了？她日日夜夜跪求上蒼，保佑朱祁鎮平安歸來。因為經常屈腿趴在地上跪求，她的一條腿瘸了；因為經常哭泣，一隻眼睛也瞎了。最後朱祁鎮被迎回，名為太上皇，實則軟禁，錢皇后卻一點也不介意，經常開解丈夫，並率領僅有的少數宮人織布賣錢，賺取生活費。

同樣的，朱祁鎮一點也沒有嫌棄她，夫妻感情極深。有情有義的朱祁鎮甚至在復辟後，仍然奉身有殘疾且無子的錢氏為后，而沒有改立皇太子的生母周貴妃為后。這對患難夫妻不但以自己的一生實踐了《詩經》中「死生契闊，與子成說；執子之手，與子偕老」的境界（意指「生死相依，我與你都已起誓，牽你的手，和你一起白頭到老」）。後來英宗甚至立下遺詔——他日錢皇后離世，也要跟他合葬。

皇位爭奪戰，開打！

劇本若照上述情況走下去，朱祁鎮夫婦接下來應該在南宮「就這樣過了一生」。但神的意旨十分奧妙，人即使機關算盡，卻往往被「天算」全盤推翻。景帝朱祁鈺非但不願讓出皇位給回來的哥哥，甚至未來也不願意讓原本的太子，英宗的兒子朱見深接位。景泰三年（一四五二年），景帝下令易儲，廢太子朱見深為沂王，改立自己唯一的兒子朱見濟為太子。然而，天意難測，第二年的十一月，朱見濟竟然「掛」了！景帝深受打擊，從此不再提立儲。

但帝國沒有準備好接班人，未來爆發動亂的風險很高。御史鍾同、禮部儀制郎中章綸二人於是上書請求再度「立儲」。景帝脾氣很倔，就是不肯恢復朱見深的太子地位，還把鍾、章二人下獄，鍾同甚至被杖責致死。但是，一直維持這樣的僵局下去始終不是辦法。後來景帝生病了，「儲位未定，天下憂懼」。終於在這個時候，連于謙都忍不住跳出來了，他與其他朝臣上書請求「復立東宮」（其實就是請求讓英宗的兒子朱見深「返回本壘」）。

不過，這時候卻殺出了一個程咬金。大學士王文與大監王誠找上孫太后，建議另立襄王朱瞻墡（宣宗朱瞻基之弟）的兒子為儲君。大家想不到的是，程咬金後面還有個「程咬金2.0」，而且，他的本領絕不只三下板斧！這個人就是石亨。景泰八年（一四五七年）正月初，景帝依慣例外出郊祀天地，住進南郊齋宮，因為病發不能行祭祀，命武清侯石亨代祭。石亨見景帝病得很重，心裡知道皇帝快要「換人做做看」了。

石亨的算盤打得精，他想無論支持哪個人成為太子，將來自己都撈不到什麼好處，因為就算站對邊了，要分功勞的人也太多。但如果擁立英宗復位，這是一條很少人走的路，未來好處就大得多。於是他找上都督張軏（成祖時大將張玉之子）、太監曹吉祥合謀復辟，並且跑去找太常卿許彬入夥。許彬肯定他們的計畫，但自認太老，無能為也，於是給他們「嚴選推薦」一個人——徐有貞。這時候，一個「鬼魂」復活了。

徐有貞是誰？這位「徐老師」並非別人，正是前面提過的「業餘天文學家」徐珵！話說徐珵當初建議南遷，被于謙罵了個狗血淋頭。于謙領導朝廷打贏「北京保衛戰」後，徐珵更是羞愧到恨不得找個地洞鑽下去，也常常被官員恥笑，長期無法升官。為了重回「正軌」，他刻意巴結戶部尚書陳循，不但送他禮物，還預言他會步步高升。未料果真被徐珵「矇到」，陳循獲加少保銜，他也因此投桃報李，多次推薦徐珵。

當時于謙在人事任命上有很大的分量，所以徐珵拜託于謙的門人遊說，請求讓他擔任國子監祭酒（教育部長）。結果于謙真的向景帝推薦了他，景帝卻說：「是建議南遷的那個徐珵嗎？此人狡詐，恐怕會讓學生變得心術不正。」徐珵不知道箇中原委，以為自己求官不成是于謙作梗，於是怨恨更深。他聽陳循的建議改名，從此變名徐有貞。後來他治水有功，升為左副都御史。當石亨、曹吉祥找上他時，他知道這輩子可遇不可求的唯一復仇機會終於來了！

徐有貞想出一個政變計畫，要石亨等人先跟南宮方面聯絡好。當時邊疆正好有亂事發生，徐有貞打算讓都督張軏以守衛北京為名，調一千名衛隊入京。然後，負責防衛京城的石亨用他保管的鑰匙打開皇城的長安門城門，放人進來。接著，到南宮釋放英宗後，擁著他衝進皇宮紫禁城的東華門，入宮「上位」。行動時間就定在正月十六日。

讓人扼腕的是，十六日當天，于謙找來王直、胡濙等大臣請求恢復沂王朱見深為皇太子，並推舉商輅草疏奏摺，準備在第二天朝會時上呈皇帝。此事若成真，極有可能改變于謙等許多人的命運，因為病重的景帝很可能答應他們的諫言。然而時間就差那麼一點點，當晚就出事了。

英宗復辟大反攻

景泰八年正月十六日深夜，大明王朝最著名的政變計畫——「奪門之變」，全面啟動。出發前徐有貞焚香祝天，跟家人訣別說：「事成社稷之利，不成門戶之禍。歸人，不歸鬼矣。」意思就是：「我若回來，就是人，若不回來，就變成鬼了！」

當晚，石亨順利打開長安門放人進來，徐有貞還把鑰匙丟進水溝，以示必死決心。十七日四更時分，石亨、徐有貞等人衝到東華門外的南宮，由於沒有宮門鑰匙，徐有貞命數十人扛著巨木撞毀門牆。

這時候，朱祁鎮拿著蠟燭，單獨出來大家見面，眾人下跪大呼「請陛下登位」。接著，大夥兒擁著朱祁鎮直奔皇宮的東華門。在這最重要的一關，他們也沒有鑰匙，只好大聲向裡面的衛士喊：「開門！」用膝蓋想也知道，守門的衛士拒絕。局面僵持無解，眼看天就快要亮了，若是有別的守衛部隊趕來支援怎麼辦？

就在此關鍵時刻，朱祁鎮的一聲驚天霹靂，徹底粉碎了僵局。他把七年來徹底體驗到的悲苦、屈辱與憤怒，併作一聲獅子吼：「吾太上皇也！」果然，這一聲比什麼通關密語，甚至鑰匙都來得有用。不一會兒，衛士乖乖打開了宮門，朱祁鎮「升奉天殿、登御座、鳴鐘鼓、啟諸門」。

當百官聽聞鐘鼓聲上朝時，徐有貞大聲說：「上皇復辟矣，趣（趨）入賀。」百官震駭，也就只好行禮如儀。當時景帝在病榻上聽到鐘鼓聲，大驚，以為是于謙造反！一問之下才知道是英宗復辟，他卻連聲說：「好！好！」但這個好究竟是指什麼？沒有人知道。沒多久，他也「掛」了。

翌日，英宗改景泰八年為天順元年。接下來，就是清算鬥爭的時候了。朝廷下令逮捕于謙、王文、陳循、商輅、王誠、范廣等人。明朝最大冤案之一的男主角于謙，被推定犯下叛亂重罪。于謙得罪太多人了，除了徐有貞、石亨之外，更是「族繁不及備載」。

照理說，于謙是提拔石亨的大恩人兼救命恩人，石亨感激他都來不及，怎麼會害他呢？原來當初「北京保衛戰」時，石亨功勞不如于謙，卻獲封侯，他覺得心虛，於是推舉于謙的一個兒子擔任千戶，卻被于謙拒絕。于謙說：「我若要為兒子求官，自己會求皇上，何必假手於石亨？」這番話被石亨聽到了，讓他又羞又憤。石亨的姪子石彪貪暴，于謙奏請把他外放到大同去，石亨恨加一等。

都督張軏則是因為征討苗民時違法，曾被于謙參劾，他跟曹吉祥一樣，對于謙一直都看不順眼。徐有貞就更不用說了，他跟于謙之間簡直「苦大仇深」，存心置于謙於死地。他主使言官[1]以「迎立外藩」的罪名將于謙、王文、王誠等人下獄。

所謂迎立外藩，就是指前面提到的大學士王文與太監王誠找上孫太后，建議另立襄王朱瞻墡之子為儲君一事。然而，這事本來跟于謙無關。

況且，在政變發生前一天，于謙已表態支持英宗的兒子接位。主審官調查發後

1 言官：主監督與上諫，可歸諫皇帝，明代時權力尤其大。

亦發現他是無辜的。徐有貞卻偏偏說是「雖無顯跡，意有之」，還勾結大理寺右寺丞蕭維楨等官員，硬是加上「意欲」二字，羅織成罪。英宗接到判決書時相當猶豫，不忍心的說：「于謙曾有功。」這時候，徐有貞說了一句與「莫須有」齊名，在歷史上遺臭萬年的經典語：「不殺于謙，今日之事無名。」意思是說：「不殺于謙，我們的政變就沒有正當性。」

這句話正中英宗要害，他最怕人家質疑他的帝位不符「正統」（這剛好也是他當初登基時的年號）。

須知道，英宗是以政變方式復辟，為了強調這個政權的合法性，必須定調景帝是「非法侵占」他的帝位。而于謙是拱景帝「上位」的重要推手，又是景帝一朝的中流砥柱，如果不處理這個「非法政權」的關鍵人物，那「復辟」的正當性就會大打折扣。

然而弔詭的是，整個朝廷都是為這個「非法政權」效力的人，難不成統統都要殺光？所以，要殺于謙，必須再給他特別加碼，扣上一個「意欲迎立外藩」也就是「妄想再建立下一個非法政權」的罪名，才可以「名正言順」殺他。英宗本無殺于謙之意，但是幫助他完成復辟大業的一大群推手，個個恨于謙入骨，你不賣他們的帳，這張龍椅又如何坐得安心、安穩？

跟石灰一樣清白的于謙

中國歷來的忠臣烈士普遍都有個毛病——罹患儒家思想中的「清高症候群」重症，太重視原則，會做事、不會做人，官場人際關係不好，不甩潛規則。于謙更是其中翹楚。

英宗被俘期間，許多人主張跟瓦剌談判，于謙卻動不動就說：「社稷為重，君為輕。」這就是在說：「請朱祁鎮你自己在外面多保重，我可不保證把你救回來。」每每遇到政務推動不如意時，他就搥胸惋嘆說：「此一腔熱血，竟灑何地！」（你愛國家，國家愛你嗎？）

這些發言，都為他日後的殺身之禍埋下伏筆。

正月二十二日，于謙與大學士王文、太監王誠、舒良、張永、王勤等人被斬於東市，當時天下人都為于謙喊冤。于謙的妻子張氏則被發配山海關，其子于冕發配山西省龍門，最倒楣的是都督范廣（曾是石亨的副手），他本來跟所謂「意欲迎立外藩」這檔事八竿子也打不上。只因為他「勇而知義」，深獲于謙重用，石亨因此討厭他，乾脆趁著這個機會把他一併殺了。

于謙生前留下一首很有名的七絕詩《石灰吟》，詩中以石灰比喻自己的清白：

千錘萬擊出深山，烈火焚燒若等閒。粉身碎骨全不怕，要留清白在人間。

他似乎早就預知了自己的最後命運。于謙有一次生病，景帝派太監興安、舒良去探視。二人看見他自奉甚薄，相與嘆息。景帝得知後，還派人送了些醬菜給他。後來有人抱怨于謙權柄過重，興安就嗆他們說：「只說日夜與國家分憂、不要錢、不愛官爵、不問家計，朝廷正要用此等人，若有可尋一個來換于謙。」眾皆默然。

于謙要的不是塵世中的悅樂、權位，或是像韋小寶那樣有美好的人際關係。他要的是一張留在歷史上完美無瑕的「道德人格體檢表」（或許還有歷史定位）。最後，他得償夙願了。

于謙是杭州府錢塘縣（今浙江省杭州市）人。他埋骨之處，跟岳飛一樣位於杭州西湖。中國歷史上死得最冤的兩位民族英雄，到頭來竟成了鄰居。明末孤臣孽子、抗清反抗軍領袖張煌言被捕後，在解送杭州之前跟親友訣別，留下了《甲辰八月辭故里將入武林》（武林是杭州的別稱）一詩，內容是這樣的：

國破家亡欲何之？西子湖頭有我師。日月雙懸于氏墓，乾坤半壁岳家祠。慚將赤手分三席，擬為丹心借一枝。他日素車東浙路，怒濤豈必屬鴟夷[2]。

于謙，毫無懸念，成了後世許多忠臣烈士的偶像。這縷烈膽忠魂的氣場太過強大，僅八年之後，英宗的兒子朱見深（明憲宗）就為于謙平反，恢復了他的名譽。

2 「怒濤豈必屬鴟夷」一句用了伍子胥化身錢塘潮神的典故。鴟夷指裝酒的革囊。《史記·伍子胥傳》：「吳王聞之大怒，乃取子胥屍，盛以鴟夷革，浮之江中。」

罪與罰

「附魔者」末日紀事

有個「吉祥」的好名字很重要

一個因利益而結合的政治集團，在打倒敵對陣營後，本身往往也會隨之爆發內部矛盾，諸如權力傾軋、利益分配等問題，而開始「鬼打鬼」（內訌）。石亨、曹吉祥、徐有貞他們也一樣。只不過，恐怕連他們自己也沒想到，內鬥會爆發得如此之快。「奪門之變」發生僅六個月後，徐有貞就被逮捕下獄。

英宗復辟，本來大家各有封賞。但世界上沒有任何封賞能夠讓所有人都覺得公平，若牽涉到權位就更不用說了。徐有貞因敘功取代于謙的位置，成為兵部尚書。他入閣後，非但排擠他人，獨攬大權，連大恩人陳循也被他「放逐到天際」。更重要的是，他就像電影《無間道》裡那個在警隊裡臥底的壞警察一樣，他想改邪歸正，「漂白」自己，取得其他朝臣的好感和支持。

由於石亨、曹吉祥貪財弄權的行為太過露骨，徐有貞開始跟他們二人劃清界線，並指使御史楊瑄等人參劾曹、石「強奪良田，冒功濫職」，英宗也因此對二人感到厭惡。曹、石二人於是聯手反擊，不幸的是，徐有貞低估了曹吉祥。須知道，政變後曹吉祥升為司禮太監，是太監裡的大頭目，宮裡有哪個太監敢不聽他的？

英宗本來頗信任徐有貞，私底下兩人說過一些悄悄話，但是英宗身邊到處都是曹吉祥的「包打聽」。有一次，曹吉祥跟英宗閒聊時，「無意中」把英宗對徐有貞說過的悄悄話洩露出來，英宗臉色丕變，問曹吉祥說：「安所受此語？」（這些話是誰告訴你的？）曹吉祥當然不會說是英宗身邊太監打的小報告，他謊稱說：「受之有貞。」（是徐有貞告訴我的。）接著還補了一槍：

曹吉祥
生不詳－1461年

「大家都知道呀！你不知道嗎？」從此，英宗開始疏遠徐有貞。

徐有貞並不甘心，趁著石亨外出作戰之際，唆使張鵬、盛顒、周斌等十三道御史一起發奏章，參劾曹、石二人的胡作非為。但經過之前的教訓，石亨早就在朝中佈好眼線，實行「諜對諜」大ＰＫ。石亨回來後，給事中王鉉向他洩密參劾的事，石亨便帶著曹吉祥跑到英宗面前哭訴，誣陷張鵬是之前被處死的宦官張永的義子，這次糾黨參他，是要為張永報仇，而背後的主使者，正是徐有貞和李賢，因為內閣想獨攬大權，所以計畫除去自己與曹吉祥。

結黨、仇討、專權，都是英宗最痛恨的事。第二天，奏章果然上來，英宗大怒，把張鵬以及之前參劾曹、石的楊瑄等人同時下獄。接著，以「圖擅威權，排斥勳舊」的罪名逮捕了徐有貞、李賢。

不過徐、李二人似乎命不該絕。後來不曉得是「聖嬰」還是「反聖嬰」現象，京城裡竟然出現了狂風暴雨，打雷閃電，承天門和許多房子都被毀了（大風震雷，拔木發屋），又下起大雨雹。曹、石家裡的梁木折斷，二人恐懼。當時執掌欽天監的禮部侍郎湯序屬石亨一黨，他進言說：「這是上天示警，應該寬減刑獄。」英宗聽了很有感覺，於是對上述諸人從輕發落。徐有貞貶廣東參政、李賢貶福建參政。

十三名御史除張鵬、楊瑄遠戍遼東之外，均貶為知縣。

這些人當中，李賢的命運最是峰迴路轉。他赴任福建參政之前，吏部尚書王翱力薦李賢可堪大用，於是他被改任吏部左侍郎，之後更獲得英宗重用，因禍得福。

徐有貞就沒有這麼好運了。赴廣東任上，曹、石仍一心一意想殺他，便派人四處散發「誹謗國事」的匿名黑函，石亨、曹吉祥一口反咬這是徐有貞的陰謀，於是他又被抓回來嚴審。然而始終查無實據，曹、石擔心他又會被釋放，乾脆在英宗面前力言徐有貞想造反。適逢奉天門遭雷殛起火，被認為是上天示警，最後英宗只把他貶為庶民，流放金齒衛（今雲南保山一帶）。天順四年（一四六〇年），英宗又想起徐有貞，便對李賢、王翱說：「徐有貞有何大罪？都是被石亨等人陷害的。可赦免其罪，讓他返回鄉里。」徐有貞獲赦回到家鄉江蘇吳縣，之後縱情山水十餘年，成了名副其實的「放浪兄弟」。

石亨的下場

徐有貞倒台後，曹、石更是縱橫朝廷。石亨自恃功高，無日不進見，數度干預政事。提出的請求如果不被接受，就會擺出一張臭臉，甚至發飆。英宗不堪其跋扈，私下請教大學士李賢。李賢說：「權不可下移，惟獨斷乃可。」英宗於是吩咐守門的衛士，非宣召不得讓石亨進見。自此之後，石亨就很少被皇上接見了。

石亨有一姪兒名石彪，封定遠侯，負責鎮守大同。石亨叔姪手握內外重兵，同樣驕橫，而且朝廷內外將帥，半數是石家門下，英宗對此十分疑懼。天順三年七月，英宗召石彪回京，石彪不願從命，讓千戶楊斌等五十人上京，吹捧石彪多麼神武，奏請讓他繼續留守大同。英宗覺得其中有詐，懷疑石彪想聯合叔叔謀反，遂逮捕楊斌等人，拷問後獲知實情，最後下令將石彪關入詔獄。

石亨恐懼，請求盡削子弟的官位，放歸田里，英宗不准。後來審訊石彪時，發現他除了冒領功勞、侮辱親王等罪名之外，更私藏了繡蟒龍衣及不合禮制的違規龍床等不法情事，坐實謀反之罪，罪當死。英宗下令抄沒石彪的家。石彪倒了之後，就爆出許多參劾奏章，指石亨「招權納賄，肆行無忌，私與術士鄒叔　等談論天象異變、國運吉凶。」英宗於是罷免了石亨兵權，讓他回家養病。

當時紛紛議論著要革去石亨在「奪門之變」的功勞。英宗心中認為，石亨發動「奪門之變」助他復辟，應該是有大功的，他便將心中疑惑告訴李賢。堪稱擁有「金牙大狀」（金牌大律師）一般好口才的李賢，說了一番讓英宗大徹大悟，並徹底打趴曹、石集團的重要談話：「迎駕則可，奪門豈可示後？天位乃陛下固有，奪即非順。且爾時幸而成功，萬一事機先露，亨等不足惜，不審置陛下何地！」

上面一大段話的意思是說：「說迎駕才對，怎麼可以讓奪門一詞流傳後世呢？帝位本來就是你的。說『奪』反而顯得你名不正言不順了。所幸當時事情成功，倘若事敗，他們死不足惜，但是他們有考慮過到陛下安危嗎？」

李賢見英宗漸被說服，又說：「若郕王果不起，群臣表請陛下復位，安用擾攘為？此輩又安所得邀升賞，招權納賄安自起？老成耆舊依然在職，何至有殺戮降黜之事致干天象？《易》曰『開國承家，小人勿用』，正謂此也。」

這是說：「如果郕王（景帝）真的掛了，群臣自然會請陛下復位，何需奪門？如果沒有奪門，這些人又如何邀功領賞，後來又怎會發生招權納賄的事呢？老臣們依然安安分分的辦公，又何至於讓他們遭受殺戮、貶謫，造成天下不寧？《易經》說：『開國分封，小人雖有功亦不能任用』，就是這個意思。」

李賢的這一大段話說出了一個道理——「奪門之變」非但沒有必要，而且會給英宗帶來生命危險，損及皇上的英明！英宗恍然大悟，下詔以後奏章不准再用「奪門」二字，同時清理石亨餘黨，革去因「奪門」事件冒功者四千餘人。自此，他心中坦然，對石亨、徐有貞等人已覺得一無所欠。

天順四年正月，錦衣指揮使逯杲（音「路稿」）上奏：「石亨心懷怨恨，跟子弟捏造妖言，蓄養無賴，專伺朝廷動靜，意圖不軌的痕跡十分明顯。」朝臣都說他罪無可恕，石亨最後被抓到詔獄，抄沒家產。涉及叛亂罪的他，本來要跟石彪一起問斬。同年二月，石彪被處決，石亨卻早一步病死獄中。

曹家也豁出去了

唇亡齒寒，石亨集團垮了，跟他休戚相關的的太監曹吉祥及其養子昭武伯曹欽莫不感到迫切危機，於是私下結納死士，密謀造反。曹吉祥有一門客叫馮益，有一天，曹欽問他說：「自古有宦官子弟為天子者乎？」馮益回答：「君家魏武蓋中官騰之後。」（魏武帝曹操的父親曹嵩，就是東漢宦官中常侍曹騰的養子。）曹欽聽後大喜，造反之心更加堅定。

天順五年（一四六一年），曹欽有一名家奴曹福來犯罪潛逃，被官府追捕。曹欽怕他洩露謀反計畫，私下派人把他逮到，拷打致死。這件事遭到言官彈劾，英宗下旨譴責曹欽：「速改，不悛（不改過），罪無赦。」之前石彪獲罪，英宗也是先下旨譴責他，加上錦衣衛指揮使逯杲為了此案嚴密監視他，曹欽十分恐懼，決定先發制人。此時剛好甘州、涼州邊境遇襲，英宗命懷寧侯孫鏜率京軍西征。曹吉祥找來執掌欽天監[1]的太常少卿湯序選好吉時，在七月二日黎明起事。趁著西征軍出師，皇宮城門打開之時，由曹欽率五百死士衝入皇宮，曹吉祥在宮中以禁軍內應。

計畫已定，當夜曹欽設下酒宴讓手下痛飲。席間，一個叫馬亮的死士越想越怕，於是偷偷溜出去告發。恰巧孫鏜及恭順侯吳瑾為了方便第二天出發時向皇上辭行，當晚就睡在朝房（讓官員上朝前短暫休息的房子）裡。他們接獲馬亮密告後，立即草成奏疏，從長安門門縫中投入。英宗從衛士手中接到報告後，立即下令逮捕曹吉祥，並關閉皇城各門及京城九門。曹欽發現兵變計畫曝光後，一不做二不休，率死士直闖逯杲的家，將他砍殺。之後趕到朝房，砍傷了李賢，又高舉逯杲的頭說：「這是他逼我的！」曹欽接著攻擊東華門及其他城門，均不得入。他憤而在長安門縱火，並且在京城裡左衝右撞、砍殺官員。

這時候，孫鏜糾合西征軍約兩千人，對士兵說：「曹欽謀反，兵少，擊殺者給

1 欽天監：官署名，掌管天象觀測、推算曆法。

千金。」孫鏜在東安門遇到叛軍，雙方血戰，曹欽被砍傷肩膀。天色漸亮，叛軍四散。曹欽想逃，但京城九門盡閉，無法突圍，走投無路之下，他只好殺回家中，投井自盡。三天後，曹吉祥遭磔刑於市。湯序、馮益及曹氏集團、姻黨皆伏誅。馬亮因告密有功，獲任命都督。兵變落幕，史稱「曹石之變」。

明英宗的海海人生

英宗度過政變危機後，晚年勤於理政，任用李賢，彭時等良臣，聽言納諫，仁儉愛民，為他的執政掙回不少好名聲。出於一名長期被囚禁者的同理心，他不顧左右反對（認為可能有造反風險），釋放被稱為「建庶人」的建文帝幼子朱文圭。靖難之變發生時，他只有兩歲，被囚禁長達五十五年。由於長期無法跟外界接觸，被釋放出來時，連牛馬都不認識。

臨終前，英宗宣布取消自明太祖以來的宮妃殉葬制度。《明史》讚譽說：「罷宮妃殉葬，則盛德之事可法後世者矣。」天順八年（一四六四年）正月，英宗駕崩，得年三十七歲。

明英宗朱祁鎮的命運曲折多變、峰迴路轉，在中國歷代帝王中極為罕見，也造成他難以描繪的複雜面貌，在歷史上毀譽參半。人或許無法擁有多個靈魂，但可以擁有多個身分。作為明朝的英宗，他曾犯下重大錯誤，包括魯莽的「御駕親征」，造成朝廷軍隊和政府精銳一口氣損失殆盡，以及殺了天下人都為他喊冤的一代忠臣于謙。

但是作為丈夫、朋友、「學生」的朱祁鎮，卻無比的有情有義，不論是對他的妻子錢皇后、朋友伯顏帖木兒，甚至是把他害得很慘的「老師」王振。無奈歷史無法把明英宗和朱祁鎮拆開來看。往事並不盡如煙。一切，他都得概括承受，我們也得概括來看。也因為如此，他的故事讓我們讀起來格外感到扼腕、悲哀與憐憫。

一代廠長
汪直

西廠的誕生

英宗駕崩之後，傳位於太子之位失而復得的朱見深，是為明憲宗。憲宗並沒有特別寵愛的太監，但是他的妻子有。這位「犀利人妻」就是以善妒、滅嗣而名震整個大明王朝的萬貴妃[1]！萬貴妃寵愛的太監叫做汪直，憲宗愛「妻」及烏，汪直因此「出位」。

汪直生年不詳，他出身自太監的三大來源之一，俘虜。話說憲宗成化三年（一四六七年）時，襄城伯李瑾、尚書程信督師討伐南蠻（廣西），本身是猺人的汪直被俘，押至京師，受宮刑後分給王公貴族為奴，後來分派為萬貴妃身邊的內監。因為有「包打聽」的天分，汪直進行偵察任務總是「使命必達」，逐漸獲得信任，也因此催生了一個新的特務機關——西廠。

跟汪直關係密切的西廠，成立過程是非常偶然的。話說成化十二年（一四七六年），當時有一名「妖人」（道士）李子龍以「左道」惑眾。他在宮中有不少好朋友，在太監鮑石、鄭忠幫助下，登上皇家園林範圍內的萬歲山觀望。此事被錦衣衛舉發，指他「圖謀不軌」，李子龍伏誅。當時三十歲出頭的憲宗得知此事後大為緊張，疑神疑鬼，認為東廠失職。為了避免類似事件再度發生，以及了解宮外的情形，他在成化十三年從錦衣衛中選出百餘人，由汪直統領，在靈濟宮一帶成立一個新的特務機關，名曰西廠，以別於原有的東廠。

汪直擔任「廠長」後為了「衝業績」，不斷「羅織人罪，數起大獄」，任用的錦衣衛百戶韋瑛縱肆貪暴，搞

汪直
生不詳－1487年

1 關於萬貴妃迫害其他嬪妃的全紀錄，請參見作者另一著作《龍床上的中國》。

得天怒人怨。老臣（大學士）商輅參了汪直一本，指「伺察太嚴、政令太急、刑網太密、人情畏疑、洶洶不安」。他還舉出一個前朝的例子：當初曹欽之反，原因之一就是被急於立功的逯杲逼反的！同年五月，西廠被革，韋瑛被貶去守宣化，「廢廠」距離「設廠」還不到半年。

然而西瓜總是偎大邊的。一名叫戴縉的御史，九年未獲升遷，為了討好汪直，上書為西廠辯護，把所有過錯都推到「張皇行事」的韋瑛身上，還大力吹捧「汪廠長」。憲宗覺得他的話很中聽，心情大悅。這時，另一名御史王億有樣學樣，加倍吹捧說：「汪直所行，不獨可為今日法，且可為萬世法。」儘管王億的諂媚遭到天下人唾罵，憲宗卻聽進去了。同年六月，西廠復工，戴縉、王億獲升官。

天下只識汪太監

成化十五年（一四七九年），遼東一再發生騷亂，憲宗派汪直去巡視邊務。當初巡撫陳鉞因貪婪凶暴，遭到兵部右侍郎馬文升調職約束。汪直到遼東後，陳鉞穿著軍服去拜見他，百般逢迎。馬文升一向跟汪直不對盤。汪直身邊的人也不斷吹捧陳鉞、詆毀馬文升。後來，給事中張良參劾陳鉞，說他激發部屬叛變，陳鉞因此被逮到京師受審。他為了脫罪，於是賄賂汪直，說：「因為馬文升在遼東禁止邊民買賣農具，才導致邊民叛亂」。汪直遂以上述罪名參劾馬文升。明憲宗不明原委，將馬文升逮捕入獄，再貶他去戍守重慶，陳鉞反而沒事。然而，馬文升所禁鐵器，根本不是農具。接下來，汪直和升為兵部尚書的陳鉞，以及佩征西前將軍印鎮守大同的威寧伯王越，聯手欺上瞞下、濫殺冒功，把邊事弄得亂糟糟。

汪直濫權期間，獨掌西廠，時人戲稱「天下只識汪太監」。不過汪直的好日子也快到頭了。成化十八年（一四八二年），當時皇宮西苑有竊盜進入犯案，被東廠校尉逮獲。太監尚銘上報，憲宗甚喜，厚加賞賜。汪直知道後很生氣，因為尚銘是他的人馬，卻瞞著他獨攬功勞，汪直有意整肅。尚銘聽到消息，十分恐懼，於是偷偷向憲宗揭發汪直諸多不法事情。

當時憲宗寵信佞臣李孜省、萬安，汪直因為經常外出「巡邊」，反而被憲宗漸漸疏遠。同年三月，監察御史交相彈劾西廠偵察太嚴苛，萬安亦主張罷免西廠。憲宗果真同意，內外官員欣然大喜。沒有了西廠，汪直等於老虎沒了牙齒。作惡太多的人一旦失勢，命運必然有如自由落體。隔年六月，汪直被貶為南京御馬監（到南京看管馬匹）。事情還沒完，同年八月，汪直才徹底「玩完」。

導因是一個叫阿丑的太監，很有喜感和表演天分，常在皇帝面前表演戲劇。更難得的是，他屢屢在表演時趁機向皇上諷諫。有一次，他扮演一名醉客，一邊發酒瘋一邊罵人。他的搭檔在旁邊說：「某某大人到！」他飆罵如故。接著又有人說：「皇上來了！」他還在飆罵。然後，又有人說：「汪太監來了！」醉客馬上酒醒，乖乖立正站好。旁邊的人說：「皇上來了你不怕，卻怕汪太監，為什麼？」阿丑回答說：「我只知道有汪太監，不知道有天子。」

又有一次，阿丑穿著類似汪直的衣服，拿著雙斧在路上「趴趴走」。有人問他這是幹嘛，阿丑說：「我打仗就靠這雙斧。」有人問他雙斧叫啥名字，阿丑回答：「王越、陳鉞也。」憲宗聽到後，唯有苦笑。

最後，御史徐鏞發揮最後一擊，上書彈劾汪直欺罔大罪。奏疏裡說：「汪直與王越、陳鉞結為腹心，自相表裡。肆羅織之文，振威福之勢，兵連西北，民困東南，天下之人但知有西廠而不知有朝廷，但知畏汪直而不知畏陛下。漸成羽翼，可為寒心。乞陛下明正典刑，以為奸臣結黨怙勢之戒。」

憲宗深以為然，於是徹底罷免了汪直。關於汪直垮台後的生死下落，正史沒有記述。

明武宗時期，為了打壓大臣的阻力，曾短暫恢復西廠，不過最終在正德五年時（一五一〇年），仍把西廠和劉瑾短暫設立的內行廠一併裁撤。西廠是「廠衛」等所有特務機關中，歷時第二短的，影響力及掌握的權力更無法跟東廠相提並論。其最知名的領導人，就是汪直，稱之為「一代廠長」，可謂實至名歸。

太有財！「好野郎」劉瑾的戲夢人生

追隨「英雄」的腳步

英國名作家卡萊爾有一本重要著作《英雄與英雄崇拜》。他的論點是：「歷史都是由偉人和英雄創造的」。這個說法有一定程度的真實性。人們崇拜英雄，自古至今皆然。只是今天英雄的定義變寬了，運動員、影視明星都是廣義的「英雄」。

「英雄崇拜」本質上是「偶像崇拜」。甚至各行各業都有自己的「偶像」。中國古代學醫的崇拜華陀，學木工的崇拜魯班，連太監都有自己的偶像，得票最高的據說是秦朝的趙高。至於明朝最「好野郎」的大太監劉瑾，心卻另有所屬，他最崇拜的是本朝「先輩」——英宗時期的太監王振（可能是因為時空相近，所聽所聞較多的關係）。

史書記載，劉瑾原本姓談，生於景泰二年（一四五一年）。成化年間，他追隨王振腳步，自宮入宮，成為一名劉姓太監的手下。順理成章的，他改姓劉。成化時期他被任命領導教坊司（隸屬於禮部），主管樂舞和戲曲，表現傑出。孝宗初年，不知為何，他被貶為「茂陵司香」（到憲宗的陵寢去擔任燒香工作）。後來又不知怎的絕地翻身，被調往東宮侍候太子，遇上千年難得一見、「一生只想要好玩」的未來皇帝朱厚照，這時候，劉瑾當年從教坊司學到的聲色犬馬絕活，以及他出色的表演天分，這下子正好有了盡情發揮的機會，由此深得朱厚照歡心。

正德元年（一五〇六年），十五歲的朱厚照即位，是為明武宗（正德皇帝），寵信劉瑾、馬永成、高鳳、羅祥、魏彬、丘聚、谷大用、張永等八人，合稱「八虎」。他們從早到晚以狗馬、鷹犬、歌舞、角力等玩藝娛樂皇上，讓武宗龍心大悅。

八人裡以劉瑾最有大志，他以王

劉瑾
1451 － 1510 年

振為榜樣，逐步奪取權力。同年十月，他奪權的轉捩點出現了。

當時戶部尚書韓文眼見劉瑾等人引誘皇帝一天到晚玩樂，長期下來「勞耗精神，虧損聖德」，於是聯合劉健、謝遷等九卿諸大臣上書，並由郎中李夢陽起草，韓文刪定，要求將劉瑾、馬永成等人「縛送司法」。武宗看到上書後，驚駭得吃不下飯。他派遣司禮監太監王岳等人到內閣，與閣臣商議如何處置劉瑾等人。武宗的建議是，把他們打發到南京就是了。

但傳話三去三返，劉健等人都堅持要處死劉瑾。王岳、范亨、徐智等正派的太監，也恨「八虎」所為，他們向武宗原原本本的覆述了閣臣的意見。更重要的是，他們也表示支持處死「八虎」。武宗讓步了，同意第二天下旨逮捕劉瑾等人。

然而，曹操有知心友，劉瑾當然也有。吏部尚書焦芳跟劉瑾是死黨，他把消息洩露給劉瑾。在群臣強大的聲勢面前，外放到南京或許還可以看作是「放長假」，被處死就一切玩完啦！「八虎」於是連夜入宮，跪在武宗面前哭訴。劉瑾說：「如果皇上不出手相救，我們都要被拿去餵狗了！」武宗聽了開始有點心軟。

劉瑾接著說：「害我們的，就是王岳。狗馬鷹犬這些東西，難道王岳沒有提供過嗎？怎能只推到我們頭上呢？話又說回來，狗馬鷹犬，根本是微不足道的東西。

今天這些官員敢肆無忌憚的大聲嚷嚷，是因為司禮監裡沒有一個有能力、有擔當的人維護皇上。如果有，他唯陛下之命是從，讓陛下為所欲為，誰敢說不？」

須知道，這時候的武宗只是個十五歲的少年皇帝，一心只想玩樂，他的「本我」意識是很高的，智慧卻相當有限。「為所欲為」這種話聽在他耳裡甜美如天籟，當然很受用。加上劉瑾暗示王岳有意勾結閣臣，限制皇上行動，武宗不但信了，甚至乾脆任命劉瑾為司禮監掌印太監，邱聚提督東廠，谷大用掌管西廠，張永掌管營務。

這意味著武宗一口氣把特務機關和兵權全部收到自己親信手裡。他同時下令連夜逮捕王岳等太監，把他們發配到南京當「淨軍」（當兵的太監）。劉瑾精采的化危機為轉機，竄上權力頂峰。翌日眾大臣早朝時，才驚覺一夜之間豬羊變色，劉瑾壓倒性的逆轉勝！劉健、謝遷、李東陽（不是李夢陽）知事已不可為，便提出辭職。武宗挽留了李東陽，同時任命焦芳入閣。

被稱做「立皇帝」的劉瑾

因為得到武宗信任，劉瑾這時候有了一項「致命武器」——矯詔。他隨即發出「絕命追殺令」，派人在半路把王岳、范亨殺了。另外還罷了韓文的官，並且派人埋伏於他返鄉途中暗殺。不過韓文機警，騎著騾子上路，只投宿荒村野店，讓他躲過追殺。當初劉健、謝遷被迫辭官時，南京六科給事中戴銑等二十一人上書請求「罷權閹，正國法」。毫無懸念的，這奏疏當然落到了劉瑾手裡。劉瑾矯詔把戴銑等二十一人逮捕，送進錦衣衛獄，施以廷杖，除名為民。

「廷杖」是古代刑罰之一，即脫掉褲子打屁股，在明朝之前的皇帝只是偶一為之，明朝卻把它制度化了。很可能的原因之一是，學歷不高的朱元璋覺得脫掉這些飽讀詩書官員的褲子打屁股，是一件很過癮的事（好棒棒的自卑心理補償）。劉瑾對此想必也深有同感，所以他特別愛玩這一招。而且正因為如此，讓他在歷史上留下一段重要篇章——一個偉人被他這樣一打，首度「打」進了歷史舞臺，這個人就是兵部主事[1]王守仁。

王守仁即是大名鼎鼎的「心學」大師王陽明。正德元年十二月，王守仁上書為戴銑等人鳴冤，請求收回前旨，官復原職。劉瑾見奏疏後大怒，把他打了五十大板，再貶為「貴州龍場驛丞[2]」。史書上說，這五十大板把王守仁打得「死去活來」（斃而復甦）。後來，王守仁在貴州龍場這片無情荒地悟出了「知行合一」的終極道理，成為儒家的聖賢之一。這已是後話。

執掌二十四監最高職位的劉瑾，把他的狡黠聰明發揮到了極致。他總是趁皇帝玩樂時呈上許多奏章讓他裁奪。這時，總是一臉厭煩的武宗就會對他說：「吾安用爾為，而一煩朕。」（我用你是幹嘛的，怎麼老是來煩我）。從此，武宗把天下的奏章全都給了劉瑾裁斷，劉瑾成了實質上的皇帝。

這一招很有啟發性。明熹宗時的魏忠賢也有樣學樣，總是趁熹宗做木工時拿奏章給他看（同樣的，他從一生只想玩木工的皇帝手中竊取了權力）。不過在那麼多弄權的太監裡，劉瑾算是有職業道德的，並未將國事當作兒戲，也頗有政治才能。據記載，劉瑾將奏章帶回私宅後，都會跟他的妹婿，禮部司務孫聰及華亭人張文冕商量參決，再由大學士焦芳潤色，內閣李東陽審核之後才頒發，算是相當慎重。無奈，他的好遠遠抵不上他的壞。

正德二年，劉瑾矯詔將他心目中的五十多名「奸黨」名單刊於朝廷，頒布天下，當中包括劉健、謝遷、韓文、李夢陽、以及王守仁。劉瑾的狂妄不僅於此。正德三

1 兵部主事：明清兵部四司之一，六品官員，掌理全國地圖及武官的功過賞罰。

2 驛丞：驛站站長，不入品。

年六月某天，有人趁早朝開始前，把一封黑函放在朝堂臺階上。武宗命人呈上來，打開一看，裡面全是揭發劉瑾的罪行。武宗把它交給劉瑾，劉瑾看完後怒不可遏，矯詔命百官跪在奉天門下。

當時正值盛暑，有數十人熬不住酷熱，中暑昏倒。由於跪到日暮仍然沒有人肯招認，其餘的三百多人都被關進了詔獄，規模之大，史上僅見。第二天，李東陽上書搶救這些人。這時候剛好有人密告劉瑾，「黑函」是太監一方的人幹的。劉瑾發覺自己搞錯對象了，於是做個順水人情，把官員們全部釋放。

之後劉瑾有比較收斂嗎？沒有！稍後，他又把已被革職回鄉的韓文逮捕進京，投入錦衣衛監獄，嚴刑拷打。

關了數個月後，他再度發揮創意，罰韓文繳米二千石（相當於韓文十年的俸祿），還要他親自送到山西大同！「罰米」後來也成了他最愛用來惡整異己的招數之一（朝廷官員多半俸祿很低）。正德四年十二月，他更把劉健、謝遷、馬文升、韓文等六百五十名被整肅的官員同時貶為平民，派去充軍，「陣容」之龐大，恐怕也是史上頭一遭。

權力再怎麼大，也會遭人算計

不過，根據物極必反的道理，劉瑾倒臺是必然的結果，儘管朝堂上他已經沒有「天敵」。但致命的打擊，卻是來自內部。正德五年（一五一〇年），安化王朱寘鐇造反（安化在今甘肅慶陽縣）。起因是皇帝派官員到寧夏屯田，官員為諂媚劉瑾，卯起來斂財。巡撫都御史安惟學更屢屢調戲將士的妻子，讓戍邊將士憤恨莫名。一向跟將士們很「麻吉」、深受愛戴的朱寘鐇於是帶頭造反。叛亂發生後，皇帝派右都御史楊一清帶兵平亂，由太監張永監軍。

前面提過，張永是「八虎」之一，本屬於劉瑾一黨。然而，同黨也可能起內訌。劉瑾爆紅後，權力最大，另外「七虎」不免心懷不滿。而且劉瑾很不厚道，他發現張永不聽話，有意將他貶到南京。張永知道後，跑到皇帝面前抗議，指控劉瑾陷害他。武宗找劉瑾前來對質，兩人吵得不可開交，張永盛怒之下揮拳打了劉瑾。武宗後來命谷大用設酒宴為兩人調解，但梁子已經結下了。

楊一清是有心人，他知道張永跟劉瑾之間有矛盾。西征途中，一天他嘆息著對張永說：「藩宗亂易除，國家內亂不可測，奈何！」張永好奇的問：「為什麼這樣說呢？」楊一清於是靠近他，在自己的手掌上寫了一個「瑾」。張永說：「劉瑾日夜在皇上身旁，皇上一天不見他就不開心。如今他羽翼已成，耳目又廣，又能怎麼辦呢？」

楊一清說：「你也是天子寵臣。如今天子不把討賊重任交給別人，卻交給你，皇上的意思由此可知。你班師回京時，假裝要對皇上報告寧夏之事，皇上必然答應。你在此時揭發劉瑾的罪行，直言海內愁怨，天下亂將起。皇上英武，必定會徹悟，更會因此大怒，誅殺劉瑾。劉瑾伏誅，權柄就會落到你手上啦。」

張永說：「如果皇上不聽，那該怎麼辦呢？」楊一清說：「別人進言成不成功很難說。若你進言，一定成功。你進言時，一定要說得很完整，而且表現得很委屈。如果皇上不信，你就叩首請死，願意在皇上面前死給他看。接下來，劉瑾必被誅殺。」張永聽完士氣大振，振臂說：「為了報答皇上，我犧牲自己又有何足惜呢！」

正德五年八月，朱寘鐇被擒。張永自寧夏回京獻俘，武宗親自在東華門接他，賜宴。入夜後劉瑾先退。到了夜深時，張永把告狀的奏疏從懷中拿出來，說自己發現是劉瑾貪汙，才激發寧夏叛變，心裡不安，所以不得不告發。張永的黨羽張雄、張銳也在旁邊幫腔。

武宗聽了只說：「不說了，喝酒吧！」張永說：「接下來只要離開這裡一步，我就再也無法看到陛下了。」武宗問：「劉瑾究竟想幹什麼？」張永說：「取天下。」武宗說：「想拿就讓他拿！」張永說：「那他會怎樣處置陛下您呢？」武宗這才領悟，准奏，當夜下令禁兵逮捕劉瑾。

武宗並無殺劉瑾的意思。第二天，降旨把他貶到鳳陽，「奉命」閒住。劉瑾最初聽到被貶往鳳陽，覺得這個安排其實不算太壞，還說：「至少還可以當個富太監。」未料，武宗後來派出禁軍抄他的家！據清朝趙翼在《二十二史劄記》記載，劉瑾家裡竟然抄出黃金二百五十多萬兩、白銀五千多萬兩、其他珍寶無數。情節更嚴重的是，還搜出「御用」的玉帶、龍袍等數百件，以及盔甲三千、弓弩五百。武宗得知後大怒：「劉瑾果然想造反！」於是將他下獄。

風向轉變了，接下來六科十三道總共彈劾劉瑾三十多條大罪。武宗命錦衣衛把劉瑾押到午門外，會同百官進行審訊。劉瑾卻大言不慚說：「滿朝公卿皆出我門，誰敢審我？」大家都「惦惦」不敢吭聲。這時候，駙馬都尉蔡震站出來反嗆說：「我是國戚，並非出自你門下，我敢審你！」

他命人賞了劉瑾好幾個大耳光，問他說：「公卿都是朝廷的人，怎由得你操縱？你為什麼要私藏盔甲？」劉瑾辯稱：「為了要保護皇上。」蔡震又問：「那為何要藏在自己家裡？」劉瑾答不出來。

劉瑾有沒有想造反呢？我想應該是沒有的。他家裡藏那些龍袍、盔甲，大概只是過過乾癮而已。但是，在皇帝眼中，過這種乾癮也等同造反！

武宗下令將五十九歲的他凌遲、梟首。劉瑾作惡多端，很多被他害過的人都跑出來爭買他的肉，「大快朵頤」一番。他原本要被割三千三百五十七刀，預計分三天割完，但實際上被割了三百多刀後，第二天他就一命嗚呼了。他的親屬十五人及多名同黨論斬，大學士焦芳等人削籍為民。

劉瑾伏誅之後，並未讓武宗的玩興消滅。之後，他又寵信了錢寧、江彬兩名佞臣，收為「義子」。兩人不遺餘力，為武宗到處物色民間美女，還貢獻春藥供皇帝淫樂。正德十五年（一五二〇年）十月，武宗御駕親征後，從南京返回北京途中，於淮安清江浦上學漁夫撒網，以此為戲，卻失足落水，因此得病，「燥熱難退」。隔年三月十三日，明武宗崩於豹房[3]，得年三十一歲。

史上最有錢的太監

二〇〇一年，《亞洲華爾街日報》刊出一篇有趣報導，列出過去一千年來，全球最富有的五十人名單。中國有六人上榜，劉瑾是其中之一。另外五人是成吉思汗、元世祖忽必烈、清朝乾隆年間巨貪和珅、清代中葉商人伍秉鑒、二十世紀中華民國財政及外交部長——「宋家皇朝」長子宋子文。

在劉瑾的部分，這篇文章引用數據並非來自趙翼的《二十二史劄記》，而是正德年間同時期人陳洪謨的著作《繼世紀聞》。資料顯示，劉瑾被抄出的家產，達黃金一千二百零五．七十八萬兩、白銀二億五千九百萬兩。根據換算，正德年間一兩白銀約合今天台幣兩千元，劉瑾的總財產約等於今天台幣六千億！與當時國庫年收入的白銀差不多（另一說法是國家年收入的十倍）。

劉瑾搜括財富的速度十分驚人。須知道，當時武宗才當了五年皇帝，也就是說，劉瑾真正弄權才不過五年，貪來的財富卻如此驚人！有人不免懷疑，他有必要貪汙那麼多嗎？是的，這也是人們對許多巨貪的疑問。

浪漫主義者堅信「愛無止盡」。然而，「愛無止盡」是因人而異。真正「無止

3 豹房：明武宗所建的別宮，有兩百多間房，歷時五年建成，耗費國庫白銀二十四萬兩，豢養無數宮女，專供明武宗淫樂。

盡」的，是人類的慾望。就是說，它永遠無法被滿足。自古以來，財與色是人類的兩大慾望。無論貪財或貪色，一旦有機會貪了，慾望是無法停止的，因為沒有一個叫做「夠了」的開關，你只會覺得永遠都不夠。

身為「少一根」的太監，被剝奪了性能力，是否成了他只好卯起來貪財的原因，不得而知，但不能排除這個可能性（儘管好色與貪財並不衝突，許多超級好色的人照樣貪財）。只是，他未免貪得「太超過」了！我對歷史最大的好奇之一是：如果這些「極惡太監」也可以有美好性生活，他們的貪汙受賂會不會少一點？

明清最後的太監們

暗黑版的「憨人」魏忠賢

貧苦出身的魏小四

歷史長卷畫中留下許多刻板印象。譬如說「不知民間疾苦」的代表就是晉惠帝。提到「台灣第一名模」，大家必舉「志玲姊姊」。至於太監，最具代表性的樣板不外乎三個人：趙高、魏忠賢與李蓮英。魏忠賢普遍被認為是歷代太監中的「極品」、明朝的「太監第一名」、權勢最大（被稱為九千歲）、壞事做最多、影響也最大。如今，他甚至可能是最具爭議性的。

魏忠賢，河北直隸肅寧（今河北滄州肅寧縣）人。他的一生極富傳奇性。有一說他在家裡排行老四，所以原名魏四。這位讓許多人偏頭痛的「公公」，由於對自己的早年身世諱莫如深，所以後世出現很多混亂的說法。不過，有一位跟他滿要好的太監同事叫劉若愚，在魏忠賢倒台後，為了鳴冤及跟魏黨劃清界線，在獄中寫了一本叫《酌中志》的書，裡面大爆魏忠賢的暗黑歷史，包括他的出身背景。這本書因此成了研究魏忠賢身世的重要材料，與許多史書的取材來源。

《酌中志》卷十四《客魏始末紀略》記載：「魏忠賢原名李進忠，直隸寧肅縣亡賴子也。父魏志敏，母劉氏，妻馮氏，生女魏氏嫁楊六奇者是也。賢無子，家貧自宮，妻改適他方，人不存。」又說：「忠賢少孤貧好色，賭博能飲，啖嬉笑喜，鮮衣馳馬，右手執弓，左手彀弦，射多奇中，不識文字，人多以傻子稱之。亦擔當能斷，顧猜狠自用，喜事尚諛，是其短也。」

魏忠賢
1568 － 1627 年

整理之後，「魏四的青少年時代」大概是這樣的——家境貧窮，但也不是無產階級，家裡仍有幾畝薄田。十七歲那年娶了媳婦，生下一女。好色的他最後卻選擇了自宮！原因是他從少年時代起就不事生產，還是文盲。後來變成市井無賴，最愛嫖賭、喝酒、鬧事。好與人嬉笑，人們都稱他「傻子」。但為人疑忌而凶狠。喜歡阿諛奉承，是他的短處。

事實上，魏忠賢當時的個性和抱負，跟「五月天」代表作《憨人》歌詞裡描寫的主角心境，十分貼近：「面對我的夢，甘願來作憨人。」夢想是中性名詞，無分好壞。從某個角度來說，魏四可稱為「暗黑版的憨人」。

他好賭，但顯然不是「賭神」。他是因為賭輸了錢，被賭債所逼，最後才憤而自宮，決定入宮做太監。妻子被迫改嫁（實際上是被賣掉），不知去向。《明史紀事本末．魏忠賢亂政》記載：「嘗與年少賭博不勝，走匿市肆中，諸少年追窘之，恚甚，因而自宮。」以上的記述裡，產生了一些疑問，實際上究竟是市井無賴在懲罰的要求下逼他自宮、還是他主動的「引刀成一快」？歷史上沒有交待清楚。

而且如果真的像劉若愚所說，他真的精於騎射，可以「右手執弓，左手彀弦，射多奇中」，那麼不免讓人好奇，他為什麼不乾脆利用這一身好本領，投身軍旅，而要選擇自毀「性」福去當太監？況且，他的家鄉是太監的「盛產地」，供過於求，「切切」也不見得就能入宮。更何況，這時候他已經快二十歲了，早過了當太監的「黃金時代」。不意外的，他成了「待業中的公公」。

不過，或許是他真的很有辦法，或許是他很幸運。他碰到了掌管東廠的司禮監秉筆太監孫暹。據說，孫暹在宮外有私宅，魏忠賢獲得機會進去裡面打雜。孫暹見他長得很體面、能言善道也很能幹，萬曆十七年（一五八九年），把他帶進宮裡，並且改名李進忠（他的繼父姓李）。這一年，李進忠二十一歲。他最初進入的是宮中「十大庫房」之一的「甲子庫[1]」。接著讓他發跡的關鍵是，他認識了另一名太監魏朝。由於兩人都姓魏，所以很快就成為「麻吉」，甚至成為結拜兄弟。魏朝的頂頭上司，是皇長子朱常洛的伴讀太監王安。魏朝一天到晚在王安面前誇讚李進忠的好，讓王安對李進忠亦照顧有加。

小皇孫與他的奶媽

萬曆三十三年（一六〇五年），機會來了。皇太孫朱由校誕生[2]。由於皇太孫的生母王才人當時還沒有專人為她打理三餐，魏朝遂介紹李進忠擔任「東宮典膳」一職。王才人見他反應伶俐，做事能幹，對他相當賞識，讓他恢復姓氏，是為魏進

1 甲子庫：負責保管染料、布匹、中草藥的地方。
2 萬曆二十九年，明神宗冊立長子朱常洛為太子。

忠。這一年，他三十七歲。因為有機會接觸到當時還是皇太孫的朱由校，魏進忠小心謹慎的帶著他到處玩，很得皇太孫的歡心，也建立了兩人的「革命感情」。

不過，魏進忠生命中最大的「貴人」，是一個女人，一個改變晚明命運的女人——朱由校的乳母客氏（導演李翰祥有一部著名三級片《半妖乳娘》，說的就是客氏的故事）。為了讓皇太孫長得「頭好壯壯」，宮裡為他在外面找了一名乳母，就是客氏[3]。

客氏原是河北定興縣農民侯二的妻子，育有一子侯國興。被選入宮之前不久，她才剛生下一女（但沒有活成），奶水充足。擔任皇太孫乳母之時，她才十八歲。按照宮裡的規矩，孩子長到三歲斷奶之後，奶媽就應該出宮回家。但客氏入宮兩年後，丈夫侯二病死，加上皇太孫對乳母太過依賴，客氏就這樣一直待在宮裡。

客氏後來之所以會變得那麼有權勢，主因之一是皇太孫朱由校（即後來的明熹宗）可能有戀「奶」情結，對這位奶媽特別「哈」。原因之二，在於她不單單是熹宗的乳母，甚至可能是熹宗的性啟蒙者。

《酌中志》記載，熹宗登基之初，她還住在乾清宮，後來才搬到咸安宮。每日天將要亮時，她就進入熹宗的寢殿，侍候熹宗起床，照顧一切。直到當晚初更時分才回到咸安宮。她在宮中移動時會乘坐小轎，讓太監抬著走，儼如嬪妃之禮。她跟熹宗關係之夾纏不清，由此可見一斑。

據說客氏生得美豔妖冶，她入宮之初，勾搭上的原是司禮監秉筆太監王安的下屬魏朝，兩人成為「對食」，即宮女與太監結成夫妻。但魏朝一方面要侍候皇太孫，另一方面又要侍候主子王安，可說「比牛仔還忙」，正好給了魏進忠趁虛而入的機會。明代的同時期人朱長祚在記述魏忠賢興滅的《玉鏡新譚》裡，形容他「形質豐偉，言辭佞利」。

《酌中志》則說：「（魏）朝之為人也，佻而疏（輕佻而不細心），賢之為人也，憨而壯。而賢遂乘間亦暗與客氏相厚，分朝愛焉。」由此看來，魏忠賢的外表是很優的，說話很會討人歡心，而且「憨而壯」，也算是「老鮮肉」，所以，客氏就被這個「朋友妻、不『客』氣」的拜把兄弟給「把」上了！

更驚悚的說法是，一個據說跟宮裡太監很熟的商人宋起鳳寫了一本叫《稗說》的書，當中提到：「魏雖腐餘，勢未盡，又挾房中術以媚，得客歡。」意思是說，

3 客氏：有些「雜書」說客氏名字叫「客巴巴」、或「客印月」，但均無所本。

當初魏進忠並未完全「切乾淨」，所以還有性能力！而且懂得房中術，擄獲了客氏的歡心。此一說法後半段是可信的。但前半段則相當值得懷疑。

因為，一刀切下去，怎麼可能還會「勢未盡」？

男人要保住性能力，至少要有「一根」及「一粒」。但不管是魏進忠自己動刀（難度非常高），還是他讓動刀者給他留「一根」及「一粒」，這種可能性都很低。更不要說，赤貧的他怎麼會有能力賄賂動刀的人。

如果上述作法可行，那很多準備入宮的「準太監」必然也會這樣做，那後宮豈不是大亂？追究起責任，是要殺頭的！況且入宮時要經過檢查，當時無權無勢又沒錢的魏進忠，如何通過「體檢」這一關？所以此一說法顯然是對客氏與魏進忠親密關係的一種想像。

客氏跟魏進忠有親密關係是真的，但應該是透過別的方式。想想，魏進忠入宮時已經二十一歲，既已娶妻又愛嫖賭，他的性經驗必然十分豐富。一個厲害的「性愛達人」往往只需要「兩根手指和一根舌頭」，就能夠讓女人欲仙欲死，當代AV男優加藤鷹即為代表。魏進忠想必亦有此能耐。

風情萬種的客氏

魏朝發現引狼入室，但後悔已經來不及了。天啟元年（一六二一年）正月，朱由校正式登基，是為熹宗。客氏地位隨即水漲船高，同年七月獲封為「奉聖夫人」，兒子侯國興獲任命為錦衣衛指揮使。熹宗登基後不久，有一晚魏朝與魏進忠在乾清宮的暖閣裡酒後爭風吃醋，吵鬧的聲音驚動了已經睡著的熹宗。

說來有點好笑，兩個正常男人為一個女人爭風吃醋，司空見慣。但是兩個太監爭搶一個奶媽，還真是天下奇聞！不過往深層想，這也並不奇怪。因為人是群體性的，始終渴望有個伴，太監也不例外，不一定純粹為了性。不過，有個比較暗黑的說法是，魏朝與魏進忠爭奪客氏的目的，是為了接近未來的權力核心——熹宗。

話說魏朝跟魏進忠為了爭客氏吵起來後，熹宗對客氏說：「你只管講，你比較尬意誰當你的男人，我就替你作主。」客氏久厭魏朝狷薄（輕佻），喜歡魏進忠「憨而壯」、好武。而且不識字之人比較樸實（個性簡單），比較好控制，所以她選擇了魏進忠（以上說法見劉若愚的《酌中志》）。按照劉若愚的看法，客氏才是這個邪惡集團真正的主腦，後面許多害人的壞事情，都是出自她的主意。熹宗最後判決魏朝「出局」，這一年，魏進忠已經五十四歲，客氏三十四歲。

說來也不得不佩服客氏。她從萬曆三十三年進宮，到天啟元年這兩個男人還在為她爭風吃醋，這意味中間十六個年頭裡，大部分時間客氏都享受著這段三角戀情（如果加上朱由校，就是四角戀！），名副其實真是個好「客」的女人！

不單如此，她在外面還有私宅，後來經常休假出宮（不無可能趁機打野食）。從天啟元年起至七年止，客氏每次出宮回到私宅，必預先奏報。這時候，熹宗就會傳一特旨：「某月某日奉聖夫人回私宅」云云。詭異的是，客氏私宅在正義街西，魏進忠恰巧也有一私宅在街南！顯然是為了兩人在宮外「互動」更方便。就算是在宮裡，她在乾清宮靠近鳳彩門的地方也有自己的「值班辦公室」，每次魏進忠前來，客氏必將宮人支開，他們在裡面說了些什麼、做了些什麼，外面的人都不得而知。

魏朝被判出局後，接下來魏進忠假傳聖旨，將他發配到鳳陽，途中派人將他暗殺。解決魏朝後，接下來客、魏要對付的，就是王安。

對決「正義魔人」

暗黑憨人的進擊

紅丸、移宮兩大案

史上記載，王安為人剛直，萬曆二十年（一五九二年）始擔任皇長子朱常洛[1]伴讀。當時神宗寵愛的鄭貴妃圖謀立自己生的兒子為太子，所以經常使人蒐集皇長子的過失。然而皇長子在王安保護下，鄭貴妃計畫失敗。萬曆四十八年，亦即泰昌元年（一六二〇年），明光宗朱常洛即位，升王安為司禮監秉筆太監。

但沒多久之後，鄭貴妃一口氣送了八個美女給光宗，光宗晚上像葉問那樣「一個打八個」，身體很快就出現不適。掌管御藥房的鄭貴妃內侍（太監）崔文升進奉瀉藥，幫助光宗去火。沒想到光宗吃了之後，一天拉肚子三、四十次，身體更差

1 朱常洛：即後來的明光宗。

了。這時候，鴻臚寺丞[2]李可灼表示有「仙丹」具奇效，於是獻上了一顆「紅丸」，光宗吃了之後身體稍癒。沒想到李可灼接著再進一丸，光宗吃完後，沒兩天就「掛了」，在位才二十九天！史稱「紅丸案」。

王安
生不詳－1621年

接著，又爆發「移宮案」。話說神宗時期，皇太孫朱由校的生母王才人，在萬曆四十七年（一六一九年）三月被朱常洛的寵妃李選侍（俗稱「西李」）重傷害致死。翌年朱常洛即位後，命「西李」帶著朱由校遷入乾清宮。然而光宗即位不到一個月就歸天。「西李」及魏進忠等人挾持朱由校，圖謀奪權。王安向禮部尚書劉一燝、兵部右給事中楊漣告發了這個陰謀。

楊漣帶頭衝到乾清宮「踢館」，但被眾太監持棍攔阻。楊漣怒斥：「皇帝召我等至此，今晏駕，嗣主幼少，汝等阻門不容入臨，意欲何為？」意思是說：是皇上叫我們來的。如今皇上駕崩了。太子年幼，你們阻擋我們來哭拜皇上，究竟想打什麼主意。

太監們自知理虧，默默退下。劉一燝等人入宮對光宗遺體哭拜完畢，要求一見升格為皇長子的朱由校。

李選侍挾持著朱由校，把他藏在暖閣。這時候，王安騙李選侍把太子帶出來，說應付應付一下他們就好。未料朱由校出來，群臣叩頭呼萬歲完畢後，王安、劉一燝等人就擁著他直奔文華殿，擇日登基，是為明熹宗（年號天啟）。李選侍數度命魏進忠把皇長子要回來，都被楊漣斥退，後來李選侍被迫遷到仁壽宮居住。這就是「移宮案」的始末。

明朝從此墜入深淵

魏進忠被送去給王安發落。王安很寬大，只是責令他改過自新，並未對他下重手。魏進忠躲過一劫，卻埋下日後王安倒台的火種。因為王安不但跟魏進忠結下了梁子，還得罪了客氏。她認為王安跟劉一燝、楊漣等人是一夥的，而這夥人容不下

2 鴻臚寺丞：招待外賓機關的從六品官員。

她。天啟元年四月，十六歲的熹宗大婚，立皇后張氏。劉一燝等人上奏請客氏出宮，熹宗使出拖字訣，說皇后年幼，需要乳母保護，要求等到光宗下葬後才執行。之後客氏便開始與魏進忠密謀「大報復」計畫。

同年五月，太監的「最高領導」——司禮監掌印太監盧受去世。論資歷輩份應該由王安接任，熹宗也下旨了。王安依照官場規則，先是禮貌性的婉謝，未料卻給了客氏一夥可乘之機。客氏說王安年事已高，身體多病，該讓他多休息休息，力勸熹宗接受王安的請辭，讓他退休。另一方面，王安有一名叫王體乾的部屬投靠了「客魏集團」，客氏便推薦王體乾出任掌印太監，熹宗也同意了。事實上，王體乾完全是魏進忠操縱的傀儡。

魏進忠本人呢？說來好笑，文盲的他，卻獲任命接替王安擔任司禮監秉筆太監！從這時候起，他改名為魏忠賢，一代「極惡太監」魏忠賢於焉誕生！接下來，魏忠賢就唆使給事中霍維華上書，攻擊王安埋葬了被神宗抄家的大太監馮保的骸骨，乃是有意彰顯神宗的過失。接著，魏忠賢又說王安沒有好好管教爭風吃醋、「驚動聖駕」的魏朝，並以此為由，把王安發配到南海子[3]，充當「淨軍」。

客氏勸魏忠賢殺掉王安，魏忠賢本來還不忍心下此毒手，客氏卻說：「爾我比西李何如？勢在騎虎，無貽後患！」意思是：你我比得過西李嗎？西李都被王安打倒了，現在勢成騎虎，不除掉他，徒留後患。

他們派了一個叫劉朝的太監去當南海子提督。劉朝曾是「西李」的貼身太監，移宮案時因為盜竊國庫，被王安下獄。他當了南海子提督，王安還有命嗎？果然，劉朝上任後即下令把王安關起來，還不准給他送飯。王安只好挖籬笆底下的蘿蔔來吃。三天後，劉朝見王安還活著，乾脆直接派人將他活活打死。

同年十月，光宗葬禮結束，劉一燝奏請熹宗履行承諾，請客氏出宮。熹宗不得已，只好照辦。但是王菲唱得好：「思念是一種很玄的東西」，之前更有人唱「思念總在分手後」。自從客氏出宮之後，熹宗就失魂落魄，茶飯不思，這才發現自己根本離不開這位大奶媽。

沒多久之後，客氏再度入宮，儘管大臣們極力反對，熹宗依然賴皮，客氏地位不動如山。皇帝對客氏的依戀，直接導致「客魏集團」權傾朝廷、荼毒天下。大明王朝的命運，就再也無無法扭轉了。

3 南海子：北京皇家園林，又稱南苑。

魏忠賢的二十四罪

除掉王安後，客氏與魏忠賢更是肆無忌憚。客氏以非常殘忍的手段，一再殺害曾被熹宗臨幸過的女人，甚至包括張皇后。天啟三年（一六二三年），張皇后懷孕，卻被客氏與魏忠賢陷害而生下死胎，此後張皇后再也無法生育。客氏的母親當時還健在，儘管年紀大，卻是個明理人。她每每以「惜福持滿」勸誡女兒，做人不要太絕。無奈客氏就是聽不進去。

同樣的，張皇后期望熹宗能夠「親賢臣，遠小人」，熹宗也總是當作耳邊風。有一次他看見皇后正在看書，便問她在讀什麼書，張皇后回答：「趙高傳。」熹宗沉默了。另一方面，由於熹宗的老爸（光宗朱常洛）當年不得寵，遲遲未被立為太子。連帶的，熹宗朱由校從小就被忽略，沒有接受過完整的教育，幾乎是個「半文盲」。而他最大的興趣，是做木工。

魏忠賢很樂意讓熹宗永遠當個「快樂的木匠」，總是趁他木工做得全神貫注時，才拿重要的奏章去請他批閱，熹宗這時候就會大手一揮說：「朕已悉矣！汝輩好為之。」（知道啦！你看著辦吧。）更嚴重的是，天啟三年時，魏忠賢獲任掌管了特務機關東廠。他趁機建立「內操」，即一支使用火器的萬人太監部隊。魏忠賢以此為武器，拉攏齊、楚、浙黨官吏，把持朝政，迫害反對他的大臣，尤其是東林黨。

魏忠賢原本也不想趕盡殺絕，他是一名愛交朋友的「和平主義者」。只要東林黨對他的所作所為睜一隻眼、閉一隻眼，大家是可以「和平共存」的（他甚至試圖攏絡趙南星與楊漣）。無奈，東林黨裡多的是「正義魔人」，堅持「正邪不兩立」，終於在天啟四年（一六二四年）六月，當時已升為左副都御史的楊漣爆發，上書彈劾魏忠賢的「二十四大罪」，此舉震撼朝廷，也引爆了「客魏集團」跟東林黨的大規模對決。

楊漣彈劾魏忠賢「二十四大罪」裡最重要的包括：一，侵奪內閣「票擬」聖旨的權力，經常改用「內批」或「傳奉」代替[4]。二，破壞大學士及其他大臣的「廷推[5]」制度。三，擠走大學士劉一燝、吏部尚書周嘉謨、禮部尚書孫慎行等多位重要官員。

4 票擬：官員向皇帝上的奏章要先送內閣，由內閣大學士或大臣作出初步建議，進呈御覽，皇帝批紅後，再發交各衙門遵行。此稱作票擬。內批：從宮內傳出來的皇帝聖旨稱「內批」。傳奉：指不經吏部，不經選拔、廷推和部議等選官過程，由皇帝直接任命。

5 廷推：高級官吏凡是由在朝大臣推薦，經皇帝批准任用的，稱「廷推」。

四，害死司禮監秉筆太監王安、熹宗最寵愛的馮貴人、張皇后的皇子、以及有身孕的張裕妃（不是張皇后）。五，濫襲恩蔭，連他的好幾個未成年姪兒都封了大官。五，創立「內操」。六，出入警蹕，走馬御前（魏忠賢出門時沿途侍衛警戒，行人走避。而且騎馬走在皇帝前面）。

楊漣疏劾所傳達的精神在於，宮中、府中大事小事，無一不是魏忠賢專擅——「皇上為名，忠賢為實」。奏疏一入，讓魏忠賢十分恐懼，跑去熹宗面前泣訴，並主動提出有意辭去東廠「廠長」。但客氏在熹宗面前極力為魏忠賢辯解，一旁還有王體乾幫腔。结果，不意外的，熹宗對奶媽言聽計從，還下旨安慰魏忠賢，以致後來有許多大臣力挺楊漣，連上百疏，熹宗都一概不理。

魏忠賢躲過重大危機，接下來他當然要報復。後來他終於找到了一個突破點——趙翼《二十二史劄記》裡形容「有智術，負俠氣」的汪文言。

復仇在我

大明王朝的「大黑暗時代」

東林黨與閹黨的「兩黨鬥爭」

汪文言，安徽歙（音「社」）縣人，任俠（江湖人）出身，年輕時曾為獄吏。神宗末年，因為監守自盜，逃到北京；有一說他投到王安門下為其謀劃，因此認識東林黨人。跟東林黨人友好的刑部郎中于玉立讓汪文言用錢捐了個監生（京師大學學生），在京城「活動活動」。汪文言用離間計裂解了齊、楚、浙三黨的結盟，從此東林黨一黨獨大。後世對他評價是：「以布衣之身操控天下。」

天啟元年九月，王安死後，魏忠賢繼續追殺他的黨羽，派了順天府府丞（約等於北京市副市長）邵輔忠參劾汪文言，革去他的監生身分，接著把他逮捕下獄。但可能是因為汪文言很有辦法，總之，他出獄了。汪文言出獄後聲名大振，東林黨人韓爌、趙南星、楊漣、左光斗、魏大中都跟他結交。內閣首輔葉向高更找他擔任內閣中書（約等於總理辦公室主任）。

但「客魏集團」並未放過他。天啟四年（一六二四年）四月，給事中傅奎彈劾左光斗、魏大中勾結汪文言，利用職權接受賄賂，朝廷下令將汪文言下詔獄，這時候，葉向高挺身而出「即刻救援」，他認為此事不明不白，尚待查明。汪文言畢竟是他任用的人，葉向高於是請求赦免其他人，只罰他自己一個人就好。這時候，魏忠賢對葉向高仍相當忌憚，因此將此案「輕輕放下」，汪文言被廷杖革職，其他人沒事。

以上是汪文言的出場始末。現在回到「楊漣彈劾魏忠賢二十四大罪」事件。熹宗對楊漣等人的參劾毫不理會，這件事對東林黨造成重大打擊，「客魏集團」則士氣大振。楊漣上書後一個月，葉向高告老還鄉。同年（天啟四年）十月、吏部尚書趙南星、左都御史高攀龍請求退休獲准。至此，魏忠賢再無顧忌，十二月，再度逮捕汪文言，「大報復」計畫啟動。

天啟五年（一六二五年）二月，魏忠賢指使大理寺丞徐大化參劾楊漣與左光斗「黨同伐異，招權納賄」。同年七月，楊漣、左光斗、魏大中、周朝瑞、顧大章、袁化中六人被「踢爆」收受遼東經略熊廷弼的賄賂，因此被關進「北鎮撫司[1]」監獄。

原來，當初魏忠賢跟徐大化討論要如何構陷楊漣等人，本來想用「移宮案」來大作文章。但徐大化獻計說：「彼但坐移宮罪，則無贓可指。若坐納楊鎬、熊廷弼賄，則封疆事重，殺之有名。」意思是說，若以「移宮案」來發動攻擊，無法以貪賄罪名致他們於死地。但如果構陷他們收受楊鎬、熊廷弼的賄賂，則事涉邊關防衛大事，可以名正言順的處死他們。

楊鎬是萬曆四十七年（一六一九年）明軍出擊滿州努爾哈赤的總指揮（遼東經略），「薩爾滸之役」大敗後被下獄，熊廷弼則是後來的遼東經略。天啟二年廣寧（今遼寧北鎮）失陷，熊廷弼與巡撫王化貞同時下獄，論死。魏忠賢與徐大化在楊鎬身上找不到跟東林黨的連結點；但是在熊廷弼身上找到了——正是汪文言。

東林君子們

原來，熊廷弼下獄後曾拜託當時擔任內閣中書的汪文言「找活路」讓他免死，答應以四萬兩黃金作酬。而汪文言「活動」的對象，當然就是魏忠賢。但熊廷弼籌

1 北鎮撫司：約等於軍法處，專門處理皇帝欽定的案件，專屬監獄稱為「詔獄」。

不出錢，讓魏忠賢恨得牙癢癢。天啟五年八月，熊廷弼被斬，「傳首九邊」。接著魏忠賢使出移花接木之計，將熊廷弼賄賂的對象誣指為楊漣等人。

熊廷弼被斬前一個月，楊漣、左光斗等人被關進北鎮撫司監獄。魏忠賢要坐實楊漣等人受賂，關鍵是取得汪文言的證詞。於是，北鎮撫司的領導，錦衣衛都指揮僉事[2]許顯純使盡各種殘酷招數，對汪文言嚴刑拷打，逼他寫下假證供。未料這個出身江湖的小人物，即使被折磨得遍體鱗傷，仍然頂著一身義薄雲天的骨氣，他仰天大呼：「世間豈有貪贓楊大洪哉（楊漣別號大洪）！」

由於汪文言寧死不屈，許顯純乾脆自己捏造汪文言的證詞。汪文言發現後大罵：「你不要亂寫，不然我死後一定找你算帳！」許顯純怕事情洩露，於是殺人滅口。接著，許顯純又打算將楊漣等人屈打成招，卻始終無法得逞。最後，左副都御史楊漣、僉都御史左光斗、給事中魏大中、御史袁化中、陝西副使顧大章、太僕少卿周朝瑞等六人，在遭到「土囊壓身，鐵釘貫耳」等極端殘忍的酷刑後慘死，史稱「東林六君子」。同年十一月，東林黨人的姓名被榜示於天下。

魏忠賢除敵務盡，再接再厲。接下來的天啟六年（一六二六年）二月，「提督蘇杭織造」（稅收監督）太監李實誣告前應天巡撫周順昌等人貪汙，魏忠賢假傳聖旨，逮捕了東林黨又一批主要人物——周起元、周宗建、繆昌期、周順昌、黃尊素（大儒黃宗羲之父）、李應升、高攀龍七人。除了高攀龍不願受辱，拒赴詔獄而投水自殺外，其他六人都在獄中受盡折磨而死，史稱「東林七賢」。

詭異的是，短短一年內死了那麼多重要大臣，熹宗不但毫無反應，同一期間還賜給魏忠賢一顆印，上面刻著「顧命元臣」，又賜給客氏一顆印，上面刻著「欽賜奉聖夫人」。除了「頭殼壞去」，你根本無法解釋熹宗當時的腦袋究竟在想些什麼！

九千歲太監！

提督蘇杭織造太監李實當初因為貪汙，遭到周順昌參劾，所以才發起報復，未料竟大獲全勝。感恩戴德之餘，發起個人崇拜與「造神運動」。天啟六年六月，他指使織造業者去請求浙江巡撫潘汝禎上書，為魏忠賢在杭州西湖建生祠。李實更奏請讓杭州衛百戶（百人部隊）守祠。

2 僉事：專司判斷官事的官。明朝的都督、都指揮、按察、宣慰、宣撫等司都有僉事官一職。僉，音「簽」。

同年九月建成後，潘汝禎又上書請熹宗賜匾額，獲賜名「普德」。消息傳出，接下來風起雲湧，四方效尤，幾乎遍及天下，連邊防大將袁崇煥也不得不照辦。督餉尚書黃運泰在迎接魏忠賢塑像時，首先行五拜五叩首的大禮，連呼「九千歲」。

天啟七年五月，有一名叫陸萬齡的監生上書說魏忠賢可與孔子相提並論：「孔子作《春秋》，忠賢作《要典》。孔子誅少正卯，而忠賢誅東林。」他還建議將魏忠賢移入國子監，跟孔子並尊，魏忠賢因此對陸萬齡表示嘉獎。許多朝廷官員甘願當魏忠賢的鷹犬，甚至當他的乾兒孫。至此，魏忠賢的個人聲望達到頂峰。

不過魏忠賢的好運終於走到底了。早在天啟六年八月，熹宗在客氏、魏忠賢陪伴下，到宮中西苑乘船遊玩，在橋北淺水處的大船上飲酒。之後又跟王體乾、魏忠賢及兩名親信小太監去深水處泛舟。未料突然刮起一陣狂風，吹翻了小船，熹宗落水，差點被淹死，雖然被人救起，但已飽受驚嚇，身體每況愈下。此時，尚書霍維華又進獻一種叫作「靈露飲」的「仙藥」，由五穀蒸餾而成，清甜可口，說飲用後可以讓身體「好棒棒」。熹宗剛開始飲用時覺得清甜可口，但之後就病情加重，渾身浮腫。

八月十一日，熹宗知道自己快玩完了，忙召五弟——信王朱由檢入見，對他說：「來，吾弟當為堯舜。」意思是：「你要當個好皇帝。」但生性多疑的朱由檢深怕這是誆騙他的圈套，不敢答應，只回答：「臣死罪！」就在此際，張皇后從屏風後走了出來，對跪在地上的朱由檢說：「事情緊急，不可推辭。」朱由檢知道張皇后是反魏忠賢的，傳位於他應該不假，於是馬上答應了。八月二十二日，熹宗駕崩，得年二十三歲，遺詔命信王繼位。

最黑暗的時代

九月初三，客氏奏請新皇帝准她回歸私宅。翌晨五更，宮門打開之後，客氏一身素服到仁智殿熹宗的靈柩前，拿出一個用黃色龍袱包裹的信封，裡面都是熹宗小時候的胎髮、瘡痂，及累年的剃髮落齒、剪下的指甲等。客氏焚化了這些物事，痛哭而去。皇帝換人了，魏忠賢一度想篡位，但他的親信兵部尚書崔呈秀告訴他時機未成熟，只好作罷。

熹宗英年早逝，打破了魏忠賢與客氏長期操控大明王朝的美夢。可嘆他們機關算盡，卻算錯了一著。熹宗本有三子三女，卻十分離奇的全部夭折，胎死腹中的更是難以計算。若不是「客魏集團」把懷有龍種的后妃宮人迫害殆盡，只要留下一兩個娃娃，熹宗病重之際，即可名正言順的扶立，幾時輪得到弟弟朱由檢接位？而且小娃娃也很好操縱，那時候，大明江山就是魏忠賢與客氏的啦！

但他們沒有這樣做。我想，主因是出於客氏的嫉妒心。客氏雖名為乳母，但是她跟熹宗之間總透露出一種耐人尋味的關係。她一再迫害熹宗的后妃、殺害他的子嗣，行為更像是熹宗的寵妃，而非皇帝的乳母。兩人精明的腦筋，全被客氏熊熊的嫉妒之火燒壞了，畢竟乳母的兒子是不能繼承王位的！

熹宗意外落水，讓客魏集團在「永續經營」的部署上措手不及。熹宗生病後，他們急忙找來一些孕婦冒充懷有龍種的嬪妃和宮人，然而來不及產子，熹宗就「掛了」。魏忠賢被抄家，隨後倒台，在貶謫鳳陽守陵途中，自縊而亡。客氏培育假龍種（共有八人）的陰謀曝光後，被送到浣衣局拷掠（鞭打）致死，她的兒子侯國興也被處決。明末兩大惡人都被思宗剷除了。不過，這時候的明朝也快要玩完了。

不少史家認為，天啟年間是中國封建社會裡最腐敗、最黑暗的時期，雖然僅有短短七年，造成的傷害卻極大。這其實不難理解，魏忠賢與客氏都是貪婪、自私、狠毒的文盲，熹宗則是個懶惰貪玩的半文盲。大明王朝的最高權力操縱在這樣惡搞的「兩個半」文盲手裡，這個時代不黑暗才怪！

不能沒有你

對太監既愛又恨的崇禎皇帝

崇禎上任，立刻除掉魏忠賢

明熹宗當了一輩子昏庸皇帝，唯有在臨終前做了一個「英明」決定：讓十八歲的弟弟信王朱由檢接位，是為崇禎皇帝，即明思宗。「少年時代」的崇禎皇帝十分英明，上位不久便一舉殲滅了魏忠賢集團。但他也曾面臨上任後的「危機一百天」。

因為魏忠賢一度想篡位，只是崔呈秀告訴他時機未成熟，才因此作罷。然而，以魏忠賢當時在朝廷中的勢力，加上他掌控的東廠及內操的武力，他若是造反，未必不成功。只是他已經六十多歲，又沒有兒子，就算成功了，也只是「一代皇帝」。人年紀大了，膽子也小了，就這麼給了朱由檢和平接班的機會。

朱由檢八月剛上任時，因為深知形勢凶險，所以不動聲色。一個月後，魏忠賢試探性的申請退休，崇禎還使出「溫水煮青蛙」策略，特意慰留他，瓦解他的心防。天啟七年（一六二七年）十月，本來屬於閹黨的右副都御史楊所修及雲南監察御史楊維垣為了自保，先後上書彈劾崔呈秀貪權弄私。楊維垣更在第二次奏疏中為魏忠賢開脫。所以有一派說法認為，楊維垣背後的主使者是魏忠賢，目的是「棄車保帥」。

崇禎決定採用「翦除法」，罷免了崔呈秀。接下來，同年十一月，吏部主事錢元慤（音「卻」）首度發難彈劾魏忠賢，工部主事陸澄源接力。這兩人都不是閹黨。然後，國子監貢生錢嘉徵仿效楊漣前例，上書奏劾「魏忠賢十大罪狀」。崇禎把魏忠賢召來，讓太監把奏疏唸給他聽，把魏忠賢嚇得「震恐喪魄」，急忙賄賂以前的賭友，在信王府當過差的太監徐應元幫忙解救，希望能在主子面前幫他說幾句好話，結果徐應元反被皇帝罵了一頓。

崇禎見時機成熟了，便下令把魏忠賢貶為「鳳陽祖陵司香」（在祖陵擔任燒香的工作），並查抄客、魏二人的家。

不過崇禎意猶未盡。很快的，他又向全天下公布魏忠賢的罪狀，並且向兵部下旨：「逆惡魏忠賢，擅禁國柄，罪當死，姑從輕只發鳳陽。乃不思自懲，素蓄亡命徒，環擁隨護，勢若叛然，令錦衣衛逮治。」意思是說：犯下竊國死罪的魏忠賢不知感恩悔改，被貶途中仍然不懂低調，找來一大票亡命之徒擔任保鑣，一副準備造反的樣子，所以派錦衣衛逮捕他。魏忠賢走到河北阜城時，接到黨羽的密報，知道在劫難逃，深怕被捕後不免要吃很多苦頭，乾脆早一步自縊，結束了他罪惡的一生。

崇禎痛恨魏閹集團，但是他本身也離不開太監，其中一些人更成為他的心腹。當中有人害了他、有人背叛他、有人陪他到最後。而心腹太監之中，最有名的是王承恩。

王承恩本來是信王府的掌管太監，從朱由檢小時候就照顧著他。天啟年間，由於形勢比人強，他也成了魏閹集團的一份子。

深懂「情非得已之生存之道」的王承恩，後來變身成為一名「雙面間諜」，暗地裡幫助朱由檢，成為推主子「上位」的功臣。

崇禎很信任他，登基後讓他擔任

王承恩
生不詳－ 1644 年

司禮監太監。戶部尚書周延儒曾向崇禎進言，認為王承恩權勢過大，會變成「另一個魏忠賢」。多疑、好殺的崇禎一度動搖，想殺掉王承恩，不過最後還是放了他一馬。歷史證明，王承恩並未加害崇禎。害慘他的，是別的太監。

可是崇煥，我回不去了

最先害了崇禎的太監，出現在崇禎二年（一六二九年）。是年十一月，清太宗皇太極放棄攻寧遠，繞道直撲北京，京師戒嚴。薊遼總督袁崇煥千里馳援。十二月，袁崇煥下錦衣衛獄。

袁崇煥未奉勤王詔而主動救援，本來是好意，但北京人民甫遭戰禍，人心惶惶，謠言四起。一些蒙受財產損失的朝臣，開始清算之前袁崇煥主張與大清議和的舊帳，誣指他「引敵脅和，將為城下之盟」，暗指大清兵就是他引來的！崇禎的個性本來就多疑。更糟的是，他還中了敵人的反間計！

戰場上打不贏，皇太極就在政治上設法除掉袁崇煥，他想出了一條反間毒計。起初，後金大軍屯南海子時，俘虜了明朝兩名管理大壩馬房的太監楊春、王成德。《崇禎長編》記載：「大清兵駐南海子，提督大壩馬房太監楊春、王成德，為大清兵所獲，口稱『我是萬歲爺養馬的官兒』。」

第二天，皇太極下令將二人帶到德勝門外，指派副將高鴻中、參將鮑承先等人看管。高、鮑二人依照皇太極指示，趁著夜裡回營，坐在楊春與王成德的臥室隔壁，故意「咬耳朵」說：「袁崇煥跟皇上有密約，一起攻取北京。今日撤兵，是皇上的計謀。」這番話被假裝熟睡的楊春全聽見了。十一月二十九日，清兵又故意讓楊春逃脫。楊春逃回紫禁城後，將「偷聽到」的話全數報告了崇禎。

皇太極熟悉《三國演義》的故事，他的反間計就是仿照《三國演義》第四十五回「三江口曹操折兵，群英會蔣幹中計」的情節來著。十二月初一，崇禎在保和殿北面的平台召見袁崇煥。但沒有先質問他是否通敵，而是翻出他擅殺平遼總兵毛文龍的舊帳，接著又指責他「援兵逗遛」（按兵不動），一定有什麼不軌企圖。性急的崇禎問不了幾句，就下令把袁崇煥綁起來，送到詔獄。吏部左侍郎成基命見狀，趕緊叩頭請皇帝務必慎重，崇禎卻說：「慎重即因循（拖延），何益？」成基命再叩頭說：「敵在城下，這是非常時期啊！」崇禎最終沒有把話聽進去。

當時，袁崇煥的副手——總兵祖大壽就在一旁。他看到主帥被當場逮捕，嚇得渾身發抖，不知所措。出宮後，他跟副將何可綱向東叛逃，毀山海關而去，後來才由東閣大學士孫承宗安撫下來。多年後，祖大壽降清，這跟當年的「平台事變」脫不了關係。

崇禎三年八月十六日，袁崇煥被凌遲，罪名是「擅主和議，專戮大帥（毛文龍）」。從他被下詔獄到處刑，時間長達九個月。武俠小說大師金庸在《袁崇煥評傳》裡指出，時間會隔那麼久，原因之一是崇禎後來可能發覺自己中了反間計，因此猶豫不決。他明知道自己抓錯人，但仍然決定處死「國之干城」，完全是為了掩飾自己的過錯，所以，這比犯錯更可惡！

袁崇煥被殺，崇禎無異自毀長城。接下來，他重用了主張殺袁崇煥的大奸臣溫體仁，長達八年。其間排斥賢能，處事操切，導致天下大亂。大明王朝被大清與李自成夾攻，陷於兩面作戰，最後終於撐不住。崇禎十七年（一六四四年），李自成攻破北京，明亡。最後出賣崇禎的，據說又是一個太監。

被汙衊的曹化淳？

明末清初史家計六奇在他所著的《明季北略》裡記載：「賊攻西直門，不克，攻彰義門，申刻門忽啟，蓋太監曹化淳所開。得勝、平子二門亦隨破。」之後的許多史家，包括谷應泰撰寫《明史紀事本末》時，都參考了《明季北略》，指三月十八日晚，守城太監曹化淳打開彰義門（今廣安門），把「開門迎闖王」的「功勞」算在曹化淳頭上。

歷史記載，生於萬曆十七年的曹化淳，家境寒微，十二歲淨身入宮，因為受過良好教育，深受司禮監太監王安賞識。後來進入信王府侍候皇孫朱由檢，備受寵信，他甚至還是王承恩的「師父」。王安倒台後，曹化淳受牽連被逐出京，發配到留都南京待罪。

朱由檢繼位為崇禎帝後，曹化淳才被召回來，負責處理魏忠賢時期的冤案，一共平反昭雪了兩千多件。崇禎二年七月，他獲任命為司禮太監，提督東廠。之後多次獲派擔任重要工作，包括崇禎十年提督京師三大營，掌管京師兵力。由此可見崇禎對他的信任。

曹化淳
1589 － 1662 年

《明史·宦官列傳》記載：「初，內臣（太監）奉命守城，已有異志。廣寧門（即彰義門）之啟，或曰太監曹化淳獻之，或曰化淳實守東直門。而化淳入國朝，上書奏辨甚力，時倉卒莫能明也。」

意思是說，打開廣寧門一事，有人說是曹化淳幹的；也有人說曹化淳守衛的是東直門。滿清入關後，曹化淳上書為自己辯誣。但破城時局面十分混亂，已經無法分辨清楚了。

原來，清兵入關後，順治帝十月移駕北京，曹化淳赴京上書，請求妥善處理崇禎帝后陵寢，獲准。順治帝有意讓曹化淳再度擔任公職，但是這個時候，順天府人楊博、宛平人楊時茂等分別上書彈劾曹化淳，說他「開門迎賊，賊入城，挺身侍從，今清入都，又復侍從，此賣國亂臣，雖萬斬不足服萬民心。」意指他是「牆頭草，隨風倒」，所以曹化淳才要上書辯誣。

曹化淳的證詞是，甲申三月北京城破時，他根本不在京師！因為崇禎十二年二月他就告老還鄉，回天津養老了，足足已過六個年頭。朝廷調查後，就此案作出批示：「曹化淳無端抱屈，心跡已明，不必剖陳，該部知道。」此案因此告一段落。

曹化淳在康熙元年去世，臨終前仍作《被誣遺囑》及《感懷詩》，由後代傳抄，極力為自己辯誣。

不過正如陸游的著名詩句所說：「身後是非誰管得，滿村聽唱蔡中郎」，「開門迎賊」幾乎已經成了曹化淳身上撕不去的標籤。以袁崇煥兒子袁承志[1]為主角的金庸小說《碧血劍》裡，曹化淳仍是那個「開門迎闖賊」的大反派。

實際上，傳說「甲申三月開城門」的「明朝罪人」，除了曹化淳之外，還有一大票人，包括太監王相堯開德勝門及宣武門、太監張永裕開朝陽門、兵部尚書張縉彥開正陽門、成國公朱純臣開朝陽門等，以上均見於馮夢龍編撰的《燕都日記》（一說該書作者佚名）。但正如《明史．宦官列傳》所說的，城破時局面十分混亂，這些事件其實已經無法分辨清楚了。從上面記述可見，太監向來沒給大家什麼好印象，很多壞事自然而然都會推到他們頭上。

當然，太監當中也有正面形象的，例如上面提到的王承恩。《明史．宦官列傳》記載：崇禎十七年三月，李自成進犯禁宮，皇帝命王承恩提督京營。當時，大勢已

1 袁承志：為杜撰人物。《明史》記載，袁崇煥無子。

去，守城士卒寥寥無幾，流寇架設雲梯進攻西直門、平則門、德勝門三門。王承恩見敵人挖城牆，急忙發炮攻擊，一連轟斃了幾個人，宦官們一度沾沾自喜。皇上詔見王承恩，叫他趕快整頓宦官，準備親征。到了晚上，內城失陷。

北京城破，驚慌失措的崇禎在砍殺完一大票后妃後，跑到附近的煤山自縊。跟他一起自縊的，是王承恩。歌手辛曉琪有一首叫《別問舊傷口》的歌曲，當中有兩句歌詞說：「只有你是我的朋友，陪我到最後。」這很可能是崇禎生前最後一刻對王承恩所說的話。

「翻」滾吧，男孩

魏忠賢若在，明朝不亡？

崇禎與魏忠賢的歷史辯論

大陸歷史學者，甚至通俗歷史的作者都喜歡翻案。因為翻案文章、書籍或影視作品往往比較「容易吸引讀者的眼球」，話題性和點擊率比較高。但是翻呀翻呀，有時候未免會翻過頭，引爆爭議和反彈。之前的著名例子是大陸電視劇《走向共和》為李鴻章翻案，結果引發該劇被當局禁播。

近期一個因「翻案」爆紅，是有「太監中極品」之稱的魏忠賢。文史作者劉繼興和劉秉光在他們合著的《歷史上那些帝王們[1]》一書裡敘述，他們讀《明史》時

1 《歷史上那些帝王們》，劉繼興、劉秉光著，2010，北京航空航天大學出版社。本章所引用文字，出自第一章之〈崇禎皇帝為何秘密收葬魏忠賢遺骸？〉。

發現：「魏忠賢伏法十七年後，在李自成攻破北京城前夕，崇禎皇帝下密旨收葬魏忠賢遺骸，墓址就選在魏忠賢生前早已看好的香山碧雲寺。」

並且借此發揮說：崇禎皇帝深刻認識到魏忠賢「在處理大事方面的清醒和果決，尤其是在維護大局、知人善任、賞罰分明的關鍵問題上，在事關國家、民族生死存亡的政治立場上，所表現出來的深明大義和遠見卓識。」而上述舉動「既是對魏忠賢價值和功績的重新肯定，也是崇禎對自己十七年執政生涯的全盤否定」。

所以，魏忠賢比東林黨能幹。東林黨執政後，大明王朝江河日下，終至亡國。魏忠賢若在，明朝可能不亡云云。

此一說法有很大爭議，不久之後，即有比較認真、嚴肅的學者出來辨正。

首先，須找出「崇禎下密旨收葬魏忠賢的遺骸並修墳立碑」此一說法的來源。此說在《明史》及相關典籍均未記載。唯一來源是《燕都日記》：「（（三月十四日）起復內臣曹化淳，密旨收葬魏忠賢遺骸。化淳昔事忠賢，奏言『忠賢若在，時事必不至此！』上惻然，傳諭收葬忠賢骸首。」

這個說法十分詭異。首先，這是「獨家報導」，也就是孤證。崇禎皇帝那麼重要的態度轉變，為何不見諸其他史籍記載？劉繼興和劉秉光把編撰的《燕都日記》

混充《明史》，用意在模糊焦點。而且，前文已經說過，城破當時，曹化淳根本不在北京，早已告老還鄉，又如何能跟崇禎合演這一齣戲？

北京陷落時，人就在城內的翰林院檢討楊士聰，在他所著的《甲申核真略》提出質疑：曹化淳是信王朱由檢府裡的宦官，以及王安的門下，並非魏忠賢的人馬，完全不是同一路，怎麼可能會懷念起魏忠賢，還為他說話？楊士聰認為，這是南明的弘光帝一朝裡，有人為了迎合閹黨餘孽阮大鋮、楊維垣、張捷等人東山再起的勢頭，而特地編造出來的，以用來「顯示」崇禎對打擊閹黨一事感到後悔。換言之，這是政治操作。

崇禎皇帝真的收葬魏忠賢遺骸了嗎？正港的《明史》記載，崇禎元年（一六二八年）正月，皇帝下令，在魏忠賢的家鄉河間府將他的遺體磔屍。同時代的史家談遷在《國榷》裡說：「魏忠賢犯殊死，不餘寸骨。」因此魏忠賢遺骸被保存下來的可能性很低。

再說，北京城破是在三月十八日，按《燕都日記》說法，崇禎傳諭收葬魏忠賢骸是在十四日。魏忠賢身亡地河北阜成縣距北京約三百公里，被磔屍的地點河間府也距離北京兩百餘公里，要在四天內辦完收葬並修墳立碑，很不容易。而且，城破在即，焦慮的崇禎和受命的人是否還有心思做這檔事，相當值得懷疑。

位於北京西山區香山碧雲寺的魏忠賢墓又是怎麼回事？

康熙四十年（一七〇一年），江南道監察御史張瑗奉命巡視西山時發現，香山碧雲寺一側有一座金碧輝煌、極其壯麗的墳墓。他以為是明朝某位皇帝的陵寢，後來才發現原來是魏忠賢的！同年五月，張瑗上奏希望將它搗毀，獲准。

而更早在順治十一年（一六五四年），談遷為撰寫《國榷》搜集資料時，即到過碧雲寺。他向寺中僧人打聽魏墓的緣由得知，原來是魏忠賢門下一名叫蘇應宣的太監蓋的。蘇應宣曾被滿州人俘虜，後來跟著滿人入關。他發達後，在碧雲寺一側「立忠賢虛塚」，也就是說，這是一個衣冠塚。

由此可見：《歷史上那些帝王們》裡敘述：「崇禎皇帝下密旨收葬魏忠賢遺骸，墓址就選在魏忠賢生前早已看好的香山碧雲寺」，這個說法是「張冠李戴」。

事實上，崇禎直到自殺前一刻還在為自己開脫責任，責備臣子：「朕非亡國之君，諸臣盡亡國之臣耳！」這又哪裡有「對自己十七年執政生涯全盤否定」的意思？

魏忠賢哪有這麼好？

此外，《歷史上那些帝王們》書中說：

平心而論，魏忠賢為鞏固個人權勢，未免有黨同伐異、殘忍歹毒的罪惡一面，但從他曾經力排眾議、大膽起用遼陽戰敗後遭受讒言的熊廷弼，不徇私情、果斷罷免寧錦一戰中畏縮不出的袁崇煥，曾拋開私怨、違心推薦趙南星、孫承宗等一批能臣直臣等諸多方面，可以看出他還是心繫國家、講求原則的。忠賢主政期間，國內形勢良好，遼東局勢平穩，這層能力、這種魄力、這份功績，還是應該被認同和肯定的。

這一番論述更有辨明之必要。

把起用熊廷弼，趙南星、孫承宗等一籃子功勞放在魏忠賢帳上，又是在打迷糊仗。熊廷弼出任遼東經略，發生在前經略袁應泰於瀋陽、遼陽被努爾哈赤大敗自殺之後。當時京師震動，廷臣武將怯戰，紛紛高舉免戰牌，拒赴遼東，狀況可說是「誰敢去就派誰」。首先跳出來為熊廷弼說話的，是東林黨的劉一燝，他說：「使廷弼在遼，當不至此。」

接下來為熊廷弼背書「守遼之功」的，是御史江秉謙，而他是反魏忠賢的。後來，大學士沈紘勾結宦官劉朝及乳母客氏募兵入宮搞「內操」，江秉謙還跟給事中惠世揚、周朝瑞等十二人上書抨擊此事。後來他免官家居四年，聞魏忠賢亂政，憂憤而卒。

天啟元年（一六二一年）六月，熊廷弼出任遼東經略。無奈，兵部尚書張鶴鳴跟熊廷弼不合，反而舉薦了大明王朝最有名的「吹台青」王化貞當巡撫。王化貞不知兵，但最會吹牛。天啟二年正月，他上書誇下海口：「臣願請兵六萬進戰，一舉蕩平（後金）。」

王化貞在部署兵力方面，處處跟熊廷弼唱反調。王主攻，熊主守。出師不利加上守軍譁變，導致後金占領廣寧等四十餘座城堡。王化貞逃到大凌河時，遇到從右屯率兵趕來的熊廷弼，王化貞只能「哭哭」。熊廷弼悲憤交加，嘲諷王化貞：「六萬眾，一舉蕩平竟何如？」

王化貞、熊廷弼同樣因「失陷廣寧罪」遭下獄論死。王化貞的「座師」（考中進士時的主考官）是跟東林黨友好的葉向高，也曾處處偏袒他。但魏忠賢掌權後，東林黨逐漸失勢，王化貞見機投奔魏忠賢。他被利用來「揭發東林貪汙遼東軍餉」，反而得以不死，直到崇禎五年才被處決。

相對的，前面說過，希望免死的熊廷弼因為籌不出給魏忠賢的賄賂，還被魏黨移花接木，以此案來誣陷楊漣等人，最後反而被速速處死滅口。如果真的像劉繼興和劉秉光兩人所說，魏忠賢那麼賞識熊廷弼，那他為什麼最後要救的不是熊廷弼，而是王化貞？

「曾拋開私怨、違心推薦趙南星、孫承宗等一批能臣直臣等諸多方面，可以看出他還是心繫國家、講求原則的」這種說法，跡近詭辯。魏忠賢想拉攏趙南星，並非因為「心繫國家、講求原則」，而是想換得東林黨妥協，不要為難他的胡搞瞎搞。但趙南星與東林黨不賣他的帳，魏忠賢後來就翻臉了，一路迫害，這何嘗是「心繫國家、講求原則」？

至於孫承宗，更不可能是魏忠賢推薦的。孫承宗是熹宗的老師，《明史．孫承宗傳》記載，遼陽失陷，經略袁應泰自殺後，御史方震孺率先奏請罷免兵部尚書崔景榮，以孫承宗代之，朝中大臣也認為孫承宗知曉兵事，推舉他任「兵部添設侍郎」，主持遼東防務。但因為熹宗很喜歡聽孫承宗講課，不願他離開講筵，並沒有答應。

直到王化貞丟掉廣寧，邊事緊急。天啟二年二月，熹宗才任命孫承宗為兵部尚書兼東閣大學士，御史左光斗又奏請讓孫承宗以閣臣身份掌管兵部事務。孫承宗因為跟新任遼東經略王在晉的意見不同，因此自請往遼東視察，並提出了堅守寧遠，跟覺華島守軍互為犄角、遙相呼應的戰略布局，以及「以遼人守遼土，以遼土養遼人」的方針。

孫承宗招募訓練十幾萬遼軍，拔擢一批優秀將領，當中最重要的人就是袁崇煥。之後明軍先後恢復失地四百餘里，修築大城九座、小城堡四十餘座，組成堅固的關寧（山海關、寧遠、錦州）防線。在此後二十餘年間，基本上穩定了遼西走廊的戰局，奠定後來「寧遠大捷」和「寧錦大捷」的基礎，確保了山海關免受攻擊。從努爾哈赤到皇太極，始終沒能完全打破這道防線。但是上述這些人、這些事，都不是魏忠賢的功勞。

當初最推薦孫承宗的御史方震孺，跟客魏集團是敵對立場。熹宗即位之初，他還上書抨擊過客魏集團。後來魏黨更興大獄，誣告方震孺。方震孺以貪贓罪被下獄，直到崇禎皇帝繼位，他才獲釋。孫承宗跟魏忠賢也是不對盤的。魏忠賢在擴張勢力的時候，看見孫承宗功勞很大，一心想攀附他。天啟五年，魏忠賢派太監劉應坤到山海關，以帑金十萬兩犒軍，孫承宗對此十分鄙視，一句話也不願跟劉應坤說。

後來魏忠賢迫害楊漣等「東林六君子[2]」，當時孫承宗正在巡視薊州（今天津市薊州區）一帶，曾企圖以賀壽為由，請求入朝面奏，趁機彈劾魏忠賢。魏黨的大臣魏廣微知道後，將這個消息告訴了魏忠賢，說孫承宗打算以「清君側」為由殺掉他。魏忠賢於是跑到熹宗面前哭著求情。同為魏黨的顧秉謙告訴熹宗：「孫承宗沒有聖旨，就私自離開駐守地，不合法度。」

於是熹宗連夜派出三人騎快馬阻止孫承宗進京，魏忠賢又假傳聖旨給守衛九門的宦官，告訴他們若孫承宗來到，就將他綁了。孫承宗到達通州後，接到熹宗的旨意，只好返回遼東。魏忠賢又讓黨羽李蕃、崔呈秀、徐大化上書詆毀孫承宗。後來，孫承宗請求罷官，未准。

天啟五年八月發生「柳河之役」，山海關總兵馬世龍冒進兵敗。魏忠賢恨孫承宗不肯依附他，藉口馬世龍損失馬匹六百七十匹、甲冑等軍用物資，以此來參劾孫

2 東林六君子：為楊漣、左光斗、魏大中、周朝瑞、顧大章，與袁化中六人。另，以周起元為首的「東林七賢」也同樣死於魏忠賢之手。請見228頁。

承宗。十五日，熹宗批准孫承宗回鄉養病，以高第代之。因此，把「遼東局勢平穩」及孫承宗的建樹說成是魏忠賢的能力和魄力，說魏忠賢「知人善任、賞罰分明」，在「國家、民族生死存亡的政治立場上，表現出深明大義和遠見卓識」，根本是混淆視聽。

皇帝才是最大問題

《歷史上那些帝王們》又說，崇禎因為重用東林黨人，而非魏忠賢及其黨人，才導致亡國，這種說法也不正確。東林黨雖然在崇禎初年「恢復名譽」，但崇禎討厭黨爭，在袁崇煥被殺後，東林黨的聲勢又告衰落。崇禎最寵信的兩個內閣首輔，被列入《明史．奸臣傳》的周延儒與溫體仁，都不是東林黨人。周延儒來自「復社」，這個社團號稱「小東林」，但不是東林！而且崇禎看上他，讓他兩度入閣，並非因為他的社團背景，而是因為他「性機敏」，懂得看皇帝臉色，而且「長得體面」！

溫體仁就更不用說了，他入閣八年，只因崇禎以為他不結黨（事實上攏是假）。所以，崇禎廢除工商稅、消除或降低海外貿易稅、礦稅、鹽稅、茶葉稅等稅賦，並給農民加稅，都不是東林黨幹的。而且，農民後來造反，並不是因為「生命中無法承受之重稅」，而是明末運氣有夠「背」——年年大旱，導致大量農民破產，加入了「農民大起義」運動。

最根本的問題是：皇帝最信任的只有宦官。

崇禎是一個多疑又性急的人，施政紊亂，十七年換了五十個內閣大學士（相當於宰相或副宰相）、十七個刑部尚書，這種搞法，根本是來亂的！

大明王朝為何亡在崇禎，而非熹宗與魏忠賢時期？答案很簡單——時機未到！熹宗時期，關外有孫承宗、袁崇煥頂著。關內尚沒有流寇蹤跡。但到了崇禎元年，陝西延安爆發大饑荒。崇禎二年，陝西、山西一帶流寇崛起；同年，刑科給事中劉懋上書皇帝，指驛站制度的弊病既多又浪費錢，建議裁減。接著，全國三分之一驛站被裁撤。當中一個失業的驛卒，名叫李自成，他加入流寇集團，成了「英明領袖」。

接下來，李自成、張獻忠流竄關內大明半壁江山。而關外沒了袁崇煥，皇太極日益強大，崇禎陷於關內、關外兩面作戰。原本一些剿匪很有辦法的能臣戰將如洪承疇，都被調去遼東打皇太極，左支右絀，導致剿匪屢屢功敗垂成。

事實上，跟後金（滿清）議和的戰略是正確的，這樣才可以騰出手來打流寇。

所以，一些人說袁崇煥「賣國」，這種說法並不正確。但晚明群臣都罹患「秦檜賣國恐懼症」，無論「金」或「後金」，文武百官都認為應該要與之勢不兩立。誰敢議和，誰就是賣國賊！所以大家對議和都是避之唯恐不及。不怕死的袁崇煥，就因為跟皇太極議和，結果被崇禎以「擅主和議」的罪名殺了。

但是到了崇禎十五年，局面已十分危急，崇禎祕密命令兵部尚書陳新甲主持議和。陳新甲派太僕寺少卿馬紹愉北上。有一天，馬紹愉從邊關發回一封寫著議和條件的密函。陳新甲神經大條的放在桌上，他的家僮誤以為是塘報[3]，於是交給各省駐京辦事處傳抄。事情曝光後，群臣譁然！陳新甲辯護說自己替皇上辦事，有功無罪。崇禎卻賴皮說自己並不知情！

同年七月，陳新甲被下獄，九月被斬，議和失敗。大明王朝就這麼走向了萬劫不復的境地。崇禎之亡，主因在於他自己所犯下的一連串重大錯誤，但敗亡之因並不包括消滅魏忠賢集團，或是起用了東林黨人。

翻案可以，但證據不能牽強，論述不能瞎扯。僅是從《燕都日記》裡一則禁不起檢驗的「不靠譜」記述，就大肆翻案，說晚明朝廷「迫切需要一位魏忠賢這樣富有處理軍國大事經驗、和把握動盪時局能力的能人來獨擋（當）一面」。這種為了翻案而翻案，為了語不驚人死不休而硬拗，刻意扭曲歷史真面目的作法，會不會太超過？

3 塘報：中國古代有關軍事訊息的快報。

慈禧太后的「情人」

安德海

曖昧讓人受盡委屈

經歷了明朝的太監來亂，大清王朝引以為鑑，加上早年的統治者「皇上英明」，大多數太監都被整治得服服貼貼。直到晚清，才有極少數太監「揚名立萬」，而且都是太后搞出來的。這太后，當然就是慈禧。

慈禧寵信過兩個「大太監」，第一個叫做安德海，他是直隸南皮縣（今河北省南皮縣）人。據說，安德海小時候自閹入宮，成為咸豐皇帝身邊的太監，人稱「小安子」。他受過教育，會讀《論語》、《孟子》。他崛起的關鍵是咸豐十一年（一八六一年）爆發的「辛酉政變」。

話說咸豐皇帝駕崩時，遺詔命怡親王載垣、肅順、端華等八位顧命大臣輔政。安德海把遺詔內容密報給太子的生母——懿貴妃葉赫那拉氏。葉赫那拉氏跟皇后鈕祜祿氏、恭親王奕訢為了奪權，聯合發動「辛酉政變」，剷滅「顧命八大臣」，八人非死即貶。咸豐之子同治登基後，由於年紀還小，兩宮垂簾聽政，是為「東太后」慈安（鈕祜祿氏）、以及「西太后」慈禧（葉赫那拉氏）。

安德海因為通風報信有功，深得慈禧寵信，升他為總管太監。除了「功在政變」之外，據說，「小安子」也是長得人模人樣。更重要的是，他嘴巴很甜，把太后侍候得很好，連太后就寢都不離左右。據一些宮女、老太監回憶，平時慈禧跟安德海在皇宮內，出雙入對，儼然夫妻。他倆散步時，其他人甚至只能在後面跟著，不得靠近。

安德海
1837－1869年

太后跟太監「走得太近」，當然會傳出流言蜚語。尤其當時兩人都才二十多歲（慈禧比安德海大兩歲），血氣方剛，難免會引來許多聯想。於是，「太后私幸安德海」的說法就這麼傳出來了。最驚悚的說法是，安德海是假太監！兩人發生親密行為是有可能的，但應該不是「真槍上陣」的那種「硬核」（hardcore）性愛，而是其他一切可行的方式。明、清兩代對太監的檢查很嚴格，清朝更是「每年一驗」，出現假太監的可能性很低。就算安德海爆紅後，沒人敢驗他，早在他進宮的最初那幾年，也很難逃過「體檢」這一關。

安德海得寵後，人不免就狂了。有一次慈禧正在跟安德海有說有笑，恭親王奕訢正好有政事要面見太后，但因為太后跟安德海玩得正嗨，竟然推辭不見。據說，恭親王當時曾對身邊的親信說：「不殺安德海，不足以對祖宗！」安德海知道後，一再在慈禧面前詆毀恭親王。不久之後，同治四年（一八六五年）三月，奕訢遭翰林院編修蔡壽祺彈劾「攬權納賄，徇私驕盈，目無君上」，慈禧順勢革去他的「議政王」頭銜，但他依舊身處權力中心。

另有一個故事說，太后與安德海的性醜聞傳到了年輕的同治皇帝耳裡，小皇帝很生氣，有一次狠狠訓斥了安德海一頓。正如歌手楊丞琳代表作的歌詞所描述：「曖昧讓人受盡委屈」！自覺滿肚子委屈的安德海，竟然向太后告狀！太后覺得心疼，竟把「兒皇帝」同治給訓了一頓。所以，皇帝也很想除去「小安子」。

小安子京城一出不復返

同治七年冬天，當時權勢薰天的安德海，在北京最豪華的「福堂大酒樓」大排筵席，正式迎娶年方十九歲、藝名「九歲紅」的徽班旦角馬賽花為妻。西太后慈禧為了表示寵愛和大器，特地賞賜白銀一千兩、綢緞一百匹。安德海娶妻，更助長了他是假太監的傳說。

不過，安德海再也無法囂張多久。同治八年（一八六九年），安德海大概在京城待膩了，想出去散散心。碰巧皇上即將大婚，安德海趁機向慈禧奏請，要親自往江南督製龍衣（龍袍）。慈禧說：「我朝祖制，不准太監出京，你還是不去的好。」安德海卻說：「太后有旨，誰敢不遵？」又堅稱皇上大婚的龍衣總要講究一點，所以還是讓他親自去督辦比較妥當。慈禧勉強答應了，但「祖制」這個緊箍咒，她也不敢貿然忤逆，便告誡安德海：「你要去便去，但須要保密，要是被大臣們知道，上書參劾你，我也不便保護你。」安德海獲得慈禧首肯，高興得不得了。慈禧囑他一路小心，安德海聽了卻當耳邊風。

同年七月，安德海在太后默許下，大搖大擺的出京辦貨。他乘坐兩艘掛滿彩旗的大船，從京杭大運河一路南下，「招搖煽惑，聲勢赫然」。七月二十日，駛入山東境內，抵達魯北古城德州。七月二十一日是安德海生日，他在船上大肆慶生，許多人上船向他拜壽。消息傳到德州知州趙新耳裡。他知道太監私自出京是犯法的，即帶了衙役趕去緝拿。當時安德海的船已走遠，趙新不敢怠慢，親自稟報山東巡撫丁寶楨。丁寶楨聽聞，可火大了，一面發公文給東昌、濟寧各府縣跟蹤追拿，一面發密奏，八百里加急送進京去。信差先到恭王府報告，託他代上奏章。

奕訢拿著丁寶楨的奏摺，立馬入宮見太后。可巧慈禧正在園子裡看戲，不便打擾，他改向慈安太后稟告，並遞上丁寶楨的密奏。慈安看完後說：「小安子應該正法，但須與西太后商議。」恭王說：「安德海違背祖制，擅出都門，罪在不赦，應即飭丁寶楨拿捕正法。」慈安太后沉吟了半晌才說：「西太后最愛小安子，若我下旨嚴辦，將來西太后必定恨我，所以我不便作主。」

奕訢說：「有祖制在，西太后也不能違背。若西太后有異議，奴才等當力持正論。」慈安說：「既然如此，且令軍機處擬旨，頒發山東。」旨上大意如此：「安德海擅自出都，若不從嚴懲辦，何以肅宮禁而儆效尤？著直隸、山東、江蘇各督撫速派員嚴密拿捕，拿到即就地正法，毋庸再行請旨。」

丁寶楨接到密諭，立即派總兵王正起率兵追捕，最後在泰安縣境內追上安德海的坐船。王正起親自動手，先摘去安得海的藍翎大帽，然後將他一把扯倒，令兵卒取過鐵鍊把他鎖住，押回濟南。八月七日，丁寶楨於濟南西門外丁字街（今飲虎池街北段）將安德海斬首，「小安子」得年三十二歲，隨行二十餘人，一律處死。

安德海被處決，慈禧心碎欲絕。恨，她記下了，但仍不動聲色。光緒七年（一八八一年）四月八日，慈安太后猝逝，得年四十四歲。有傳言說，她是被慈禧毒死的。光緒十年（一八八四年）中法戰爭爆發，奕訢領導的軍機處進退失據，和戰不定，最後吃了敗仗。三月十三日，奕訢被慈禧太后藉口「委靡因循」，革去一切職務。安德海死後，他在慈禧身邊的位置被另一位太監李蓮英取代。

跟慈禧「共浴」的知己

李蓮英

李蓮英是壞蛋嗎？

李蓮英，直隸省（今河北）河間府大城縣李家村人，本名李英泰，道光二十八年十月十七日（一八四八年十一月十二日）出生於一個貧困家庭。由於家裡有八個孩子，生活艱難，咸豐四年（一八五四年），那時才七歲的他被淨了身，入鄭親王端華的府裡為奴。咸豐六年（一八五六年）以九歲之齡入宮，取名李進喜，分配在奏事處當差。

一般說法，李蓮英是因為梳頭技術超好，而獲得慈禧賞識。他也是第一個叫慈禧太后為「老佛爺」的人。一八六七年，他被升為二總管，受寵程度僅次於安德海。

一八六九年，大總管安德海私自出宮，被山東巡撫丁寶楨斬於濟南，李蓮英開始獲得慈禧重用，這一年他二十一歲。不久他就調到內宮侍候，升為大總管。據指出，慈禧當初給他賜名「連英」。但是外界一般都寫成「蓮英」，似乎是有意將他「女性化」，甚至汙名化。這很可能跟民間盛傳他的負面故事以及與慈禧的關係有關。

原因很簡單，當初安德海被影射跟慈禧之間有不正常關係。李蓮英接替安德海受寵，很自然的也就繼承了安德海的「緋聞」。

很多傳說和野史裡，都把慈禧描繪成一個貪婪、自私而淫蕩的女人。其中的一些說法，還是外國人「爆料」的。有一個叫卡爾（Katharine Augusta Carl）的美國肖像畫家，一九〇三年時，應美國駐華公使康格（Edwin H. Conger）之妻的邀請，到中國替清廷人物畫像，當中就包括慈禧。

卡爾總共待了九個月，成為唯一在慈禧太后身邊生活過的外國人。她不但畫了

李蓮英
1848 － 1911 年

像，還出了一本名為《慈禧寫照記》（With the Empress Dowager of China）的回憶錄。書中爆料說，慈禧跟李蓮英在同個浴盆裡一起洗澡！

不過，後來有一個叫葉赫那拉．根正的人，自稱是慈禧之弟桂祥的曾孫。他出版了一本口述歷史著作《我所知道的慈禧太后》，裡面反駁了卡爾的說法，認為這些記述完全是為了滿足外國人的獵奇心理和窺淫癖。為了「澄清」，他還引述了侍候過慈禧的宮女們的回憶，說明慈禧是怎麼洗澡的。

不管有沒有「共浴」，李蓮英深得慈禧倚重，這是毋庸置疑的，慈禧後來甚至打破「太監品級以四品為限」的祖制，封李蓮英為正二品「總管太監」，統領全宮所有宦官。由於李蓮英權勢薰天，民間野史、小說，以及影視作品多數都把他描寫成一個作惡多端的人。然而根據逐漸曝光的史料，李蓮英非但不是什麼大壞蛋，反而更像是一個「好人」。

很顯然的，安德海之死帶給李蓮英很大的震撼。他充分記取教訓，深懂得如何平衡主子和奴才、外官跟宦官之間的關係，成功維持住「斂財而不干政」，「營私而不結黨」的生存之道。據指出，李蓮英受寵期間，以「謹小慎微」著稱，時時謹慎，處處低調。

出差一趟好低調

他一生做過最重大的事情，是以監軍身份檢閱北洋海軍。光緒十二年（一八八六年），北洋海軍建設初具規模，李鴻章奏請朝廷派員前來閱兵，慈禧擬派總理海軍大臣醇親王奕譞、海軍衙門會辦大臣善慶前去閱軍。

身為光緒的生父，處事謹慎的奕譞因為有奕訢的前車之鑑，怕引起慈禧猜忌，主動提出讓大太監李蓮英隨行，以表示自己沒有二心。這請求正合慈禧心意，於是由奕譞為朝廷正使，李蓮英為副使，前去視察北洋海軍。

太監擔任朝廷欽差大臣外出視察，是大清史上頭一遭。為了不讓別人拿來大作文章，李蓮英出發時，刻意把慈禧破格賞賜的二品頂戴，換成四品頂戴（太監最高只能獲得四品頂戴），一路上李蓮英也絕不擺出欽差大臣的架子。他認為自己是慈禧太后派來侍候七王爺的，每天只是穿著樸實，拿著一支旱煙袋跟在奕譞後面，隨時替他裝煙、遞煙，有人還誤以為他是奕譞的跟班！就連到了晚上，他都要親自給奕譞打熱水，侍候七王爺洗腳！他還說：「我平時沒機會侍候七王爺，現在就賞臉讓我盡點孝心吧！」把奕譞感動得忙不迭的拱手推謝。

他回到自己住處後，閉門不見訪客，讓想要巴結他的地方官全部失望而回。在海船上，他同樣不入住預備給他的，僅次於奕譞的豪華船艙。

這趟校閱，從四月十三日抵達天津，到二十二日回到天津，首尾共十天。奕譞、李鴻章等人全面檢閱了北洋海軍的艦隊與海防要塞、水陸學堂、水陸操練、機器廠局等。一趟差事回來，奕譞、李鴻章爭著向太后稱讚李蓮英，讓他的好名聲不知翻漲了多少倍！此行既完成了慈禧交代的監軍任務，又邀得了當朝官員一致好評，等於給慈禧掙足了面子，難怪當下她會喜孜孜的說：「總算沒白疼他。」

蓮英原來是暖男？

平時，朝廷大臣爭相用銀兩賄賂李蓮英，他盡量幫忙著辦事。一般宮內嬪妃觸怒慈禧，他總是盡力替人美言、迴護，保護了許多人免於處分，顯然他是一個八面玲瓏的人。就連後來遭慈禧軟禁的光緒皇帝，即便已經成為「落水狗」，李蓮英也多番護助。

參與過「戊戌變法」的維新人士王照後來曾寫過一組題為《方家園雜詠紀事》的敘事詩，當中第十三首內容是這樣的：「炎涼世態不堪論，蔑主惟知太后尊。丙夜垂裳恭待旦，膝前嗚咽老黃門。」

詩中記述的是以下故事——八國聯軍入侵北京事件發生後，慈禧與光緒結束「西狩」（向西逃亡），回京途中曾停留河北保定。李蓮英侍候慈禧睡下後，到光緒的住處探望，發現裡面一個太監也沒有，只有光緒一人對著油燈枯坐。一問之下才知道原來是沒有鋪蓋，光緒在寒冬裡無法入睡。李蓮英跪下抱著光緒的腿痛哭說：「奴才們罪該萬死！」接著他趕緊把自己的被褥抱來給光緒使用。光緒從小因為受他照顧，曾誇他「忠心事主」，回到北京後，回憶西狩時的酸苦，不時叨念說：「若沒有李俺答[1]，我恐怕活不到今日。」這段典故出自於王照口述的《德宗遺事》。

李蓮英對他服侍的主子慈禧太后忠心耿耿，細心周全。近代學者徐徹在他的著作《慈禧十大謎案破解[2]》裡形容，慈禧晚年，李蓮英在她身邊更像是一個「老伴」，而非主僕關係。患難之時最能見真情。

「末代皇帝」溥儀的堂弟，愛新覺羅．溥佳曾撰寫〈清宮回憶〉一文[3]，裡面

1 俺答：滿語，意指師傅。

2 《慈禧十大謎案破解》，徐徹著，2008，中華書局出版。

3 〈清宮回憶〉收錄在《晚清宮廷生活見聞》（1982，文史資料出版社）。

記載了一個故事：八國聯軍入侵北京，在倉皇西狩途中，李蓮英一路陪伴著慈禧。一次暴雨過後，路面極滑，慈禧乘坐的騾車險些翻落深山。說時遲那時快，李蓮英立馬衝出來，用身體攔住了下滑的騾車，不顧自己性命讓慈禧脫險。儘管自己受傷了，仍不忘詢問慈禧的安危。人非草木，孰能無情？面對這樣的伴侶，慈禧怎能不感動？

關於太監的結語

一九〇八年，慈禧去世。李蓮英向隆裕太后（光緒的皇后）請求退休，獲准。宣統元年（一九〇九年），李蓮英在慈禧辭世百日後離宮，一九一一年辛亥革命爆發前夕離世，享年六十二歲，葬於恩濟莊。死因最早認為是痢疾，但一九六六年文化大革命發掘李蓮英之墓時，發現遺體僅有頭顱，跟之前因病去世的說法似乎有很大出入，他「死於非命」的說法開始不脛而走。有一說他是死於清末大俠「大刀王五」之手，王五跟百日維新領袖的譚嗣同一向友好。

不過也有說法是，有些太監之墓真的只有一顆頭顱。這是因為封建時代的人都很迷信，認為留下被閹割之身，是有辱祖宗的事，死後沒臉去見列祖列宗，因此下葬時只留著頭顱而捨棄身體。李蓮英是否也屬於這種情況，至今仍沒有讓人信服的答案。

宮內左右對李蓮英的評價，總體來說都很正面，他的墓誌銘寫著：「事上以敬，事下以寬。」跟小說戲劇、影視作品裡的形象完全迥異。上述的「刻板印象」印證了人世間一個普遍的謬誤——一竿子打翻一船人。

普遍來說，歷史對太監是不公平的。

依他們的工作性質，若安分守己，不應該在歷史留下重要篇章。若是有，大多數並非好事，因為他們侍奉的主子如果是壞蛋或笨蛋，往往就給了他們作惡的機會。在慾望驅使下，「太監壞壞」理所當然，做一個好太監近乎成了「不可能的任務」。久而久之，太監就變成一種「原罪」。

你若信仰神，誠心懺悔，神會洗清你的罪。人類喜歡扮演上帝，把歷史的書寫和詮釋，透過文字、戲劇或影像掌握在自己手裡，借此評定歷史人物的功罪。不過，他們對太監普遍有不願面對的偏見。

因此，還原太監們的本來面目，這條道路就變得非常緩慢、悠長。

國家圖書館出版品預行編目資料

超級太監大歷史／馬賽克著．
——初版．——臺中市：好讀，2017.10
面：　公分，——（人物誌；31）

ISBN 978-986-178-409-0（平裝）

782.29　　105022447

好讀出版

人物誌 31

超級太監大歷史

作　　者／馬賽克
內頁繪圖／古代穀 studio
總 編 輯／鄧茵茵
文字編輯／王智群
美術編輯／鄭年亨
行銷企劃／劉恩綺
發 行 所／好讀出版有限公司
台中市 407 西屯區何厝里 19 鄰大有街 13 號
TEL:04-23157795　FAX:04-23144188
http://howdo.morningstar.com.tw
（如對本書編輯或內容有意見，請來電或上網告訴我們）
法律顧問／陳思成律師

戶　　名：知己圖書股份有限公司
劃撥帳號：15060393
服務專線：04-23595819 轉 230
傳真專線：04-23597123
E-mail：service@morningstar.com.tw
如需詳細出版書目、訂書，歡迎洽詢
晨星網路書店 http://www.morningstar.com.tw

印刷／上好印刷股份有限公司 TEL:04-23150280
初版／西元 2017 年 10 月 1 日
定價／ 300 元
如有破損或裝訂錯誤，請寄回台中市 407 工業區 30 路 1 號更換（好讀倉儲部收）

Published by How-Do Publishing Co., Ltd.
2017 Printed in Taiwan

ISBN 978-986-178-409-0

讀者回函

只要寄回本回函，就能不定時收到晨星出版集團最新電子報及相關優惠活動訊息，並有機會參加抽獎，獲得贈書。因此有電子信箱的讀者，千萬別吝於寫上你的信箱地址

書名：超級太監大歷史

姓名：__________ **性別：**□男 □女 **生日：**____年____月____日

教育程度：__________

職業：□學生 □教師 □一般職員 □企業主管

□家庭主婦 □自由業 □醫護 □軍警 □其他__________

電子郵件信箱（e-mail）：__________ **電話：**__________

聯絡地址：□□□ __________

你怎麼發現這本書的？

□書店 □網路書店（哪一個？）__________ □朋友推薦 □學校選書

□報章雜誌報導 □其他__________

買這本書的原因是：__________

□內容題材深得我心 □價格便宜 □封面與內頁設計很優 □其他__________

你對這本書還有其他意見嗎？請通通告訴我們：

____

你買過幾本好讀的書？（不包括現在這一本）

□沒買過 □ 1 ～ 5 本 □ 6 ～ 10 本 □ 11 ～ 20 本 □太多了

你希望能如何得到更多好讀的出版訊息？

□常寄電子報 □網站常常更新 □常在報章雜誌上看到好讀新書消息

□我有更棒的想法__________

最後請推薦五個閱讀同好的姓名與 E-mail，讓他們也能收到好讀的近期書訊：

1. __________
2. __________
3. __________
4. __________
5. __________

我們確實接收到你對好讀的心意了，再次感謝你抽空填寫這份回函

請有空時上網或來信與我們交換意見，好讀出版有限公司編輯部同仁感謝你！

好讀的部落格：http://howdo.morningstar.com.tw/

好讀的臉書粉絲團：http://www.facebook.com/howdobooks

請填妥後對折黏貼，直接投郵即可，無須貼郵票。

廣告回函
台灣中區郵政管理局
登記證第 3877 號
免貼郵票

好讀出版有限公司 編輯部收

407 台中市西屯區何厝里大有街 13 號

電話：04-23157795-6　傳真：04-23144188

沿虛線對折